不靠意志力，輕鬆丟掉50個壞習慣

直擊「做不到」的真正痛點，簡單打敗拖延和逃避

美崎榮一郎 著
嚴可婷 譯

這麼說來……

但是……

這樣下去，
真的可以嗎？

別擔心，你也可以改變自己！

「啊~又出包了。」
你是不是常常會後悔呢？
是否昨天，才剛發生過類似的狀況呢？

雖然自己明明知道這樣不好，但有些習慣很難改變。

你是不是也想很找機會扭轉過來呢？

這本書就是專門為了想要戒掉壞習慣的人，提供許多輕鬆漸進的訣竅。譬如五十個「想要改變的習慣」與「如何改變它們的方法」。

首先你可以瀏覽一下目錄頁。

「這跟我還滿像的耶?!」如果有這種感覺，這本書可能會對你有幫助派。

插圖中登場的是獵豹與小熊（或稱獵豹先生與小熊先生）。

在讀這本書時，你會覺得獵豹似乎是個比較成功的例子。

但他以前其實跟小熊一樣有許多弱點，也是個「不中用」的人。

我自己也跟小熊一樣，經常一再重蹈覆轍，有許多擺脫不掉的壞習慣。當然，我也有崇拜的對象，就像獵豹那麼優秀。

我一邊模仿前輩一邊努力，希望能漸漸把「壞習慣」變成「好習慣」。

好希望能變得像前輩一樣啊……

習慣是不會立刻改變的。

即使有心想改，還是很容易故態復萌。

如果遇到這種情形，請把這本書從書架上拿下來，重新再讀一次吧。即使壞習慣又犯了，只要你下定決心反省，還是可以改變自己。

為了讓讀者能反覆閱讀，我儘可能讓這本書的內容簡單易懂。你只要發現自己「啊，又犯錯了……」就可以再讀一次。你只是需要一個「契機」促使自己反省。

有時，或許某些句子會像在你的心中扎了一針，看起來特別諷刺。那正是促使你改變的機會。

要不要趁這個機會，丟掉你的壞習慣呢？

接下來，讓我們開始吧。

第一章
不知不覺中常犯的「工作上」的壞習慣

第二章

不知不覺中常犯的「生活上」的壞習慣

第三章

不知不覺中常犯的「人際關係」的壞習慣

第四章 不知不覺中常犯的「思考上」的壞習慣

第一章

不知不覺中常犯的「工作上」的壞習慣

當座位愈來愈亂的時候……

從桌面到抽屜，通通亂成一團，這是許多上班族常見的毛病。「那份資料到哪裡去了？」「哎呀，找不到今天申請要用的表格啦！」如此一來，光找出要用的東西，就花掉不少時間；許多教導收納技巧的書都說：找東西最浪費時間。

話雖如此，對許多不擅整理的人，維持桌面清爽真的很難。

為什麼你不能維持整潔的辦公桌呢？因為混亂正是忙碌的象徵，你根本來不及整理，就必須投入新的任務；於是不知不覺，就陷入了「忙碌」→「沒空整理」→「工作效率降低」→「更加忙亂」的惡性循環。

要斬斷這種惡性循環，請試試看「將桌面歸零」！

把桌面上及四周堆滿的雜物，全部毫不猶豫打包進紙箱或紙袋裡吧！看！這不就一下子全收拾好了。

咦？這樣真的可以嗎？別懷疑，這是應急的速成小撇步。只要

把你現在用不到的東西挪到視線範圍以外，就能提升工作效率。

當桌上東西滿坑滿谷時，要用的文件或工具常被淹沒不說，還得花時間找。現在，如果你還是需要這些東西的話，再從箱子或袋子裡把它撈出來吧。

或許有人會覺得：翻箱倒袋也要花時間，不過這跟搜索亂七八糟的桌面，其實也差不了太久。但是現在你可以一眼看到待處理的急件、隨時要查閱的相關資料，效率肯定會迅速提升。

你不妨把整箱東西擺在一旁，過一週再來看，就像浦島太郎打開龍宮寶盒一樣。別擔心，應該不會變成白髮老公公吧（笑）。對了，在過去一週裡，你可曾真的去翻找過東西？什麼？竟然連碰都沒碰過呀。

原先堆在座位周遭的東西，不是每樣都非要留著不可。七天內連一次都沒用過的這些東西，根本不必放在桌上。

你可以定期檢查，留下最近要用的東西，然後再考慮如何排列它們。

接下來要教你「歸位的方法」。選好要留在桌上的東西之後，很多人會全部都擺回去，正好塞得滿滿的，這可不行。要記住：剛整理完，**桌上只能擺到八分滿**。不論書架或抽屜，最好也都維持約80％的密度。如果一開始就把桌上和抽屜擠滿了，後面新東西陸續加入時，根本沒地方放，也不必說什麼收納或整理了。請儘記「以80％為原則」，因為新東西增生的速度非常快。

再來是「固定東西的位置」，這點非常重要。如果你養成習慣，筆放這裡、橡皮擦放那裡；選好慣用的位置，就能輕鬆拿到。

讓我們把桌面想像成井然有序的棒球場，別讓它變成球員滿場跑的足球賽；決定好守備位置，一壘手放在一壘，三壘手在三壘。把最常用的東西放在固定的地方，你也可以成為掌控桌面秩序變化的名教練。

想剷除座位四周的「小山」……
嘿咻……
咚！
and
20%
20%
桌面歸零！
預留 20% 的空間
還來不及整理，新的任務就來了……
桌面上的「檔案山」
就是這樣造成的。
這是新企劃案的資料，拜託你囉～
好忙～好亂～
咚！
新形成的「山」
一團亂
從前累積的「山」
我看不到前面了……

堆積如山的檔案資料，
就用「歸零與 80% 法則」
來解決 !!

沉醉於過去的事蹟

人都會記得好的事情。

因為過去一帆風順，回想起來就會覺得很愉快。但如果你缺乏自覺，會很容易沉醉過去，不再進步。

咦，難道有自信不好嗎？

其實人很容易不知不覺沉醉在從前的豐功偉業中。環顧你的四周，說不定就有這樣的主管或資深同事，老愛強調過去的作為，說想當年如何如何……

儘管當事人沒有炫耀的意思，但旁邊的人會覺得「又在舊事重提」。如果你會不自覺常回想以前的事蹟，一來表示你還在留戀過去，也曝露出你的心思不在當下。你我其實也都是一樣，人很難察覺自己的問題，所以更要留意才行。

記住：**當新機會來臨時，不要用跟以前一樣的方式來應對**。過去能夠順利完成某件事，一定是由於某些因素，譬如時機良好、獲得周遭人們的協助等等。

最好先試著列出過去的「成功要素」，然後再想想是否也有其他「失敗因素」。譬如談戀愛，「成功要素」與「失敗因素」可能有這些：

- 在看得到海的餐廳告白，對方答應交往。
- 曾經很開心地共享義大利菜。
- 有次約在車站，但人潮洶湧，結果彼此錯過，沒見到面。

先把各種因素列出來，然後才能推敲成功與失敗的真正原因：

- 因為在清靜且景色優美的地方告白，所以比較順利。
- 正好有對方愛吃的海鮮料理。
- 因為不曉得對方的手機號碼，所以無法即時聯繫。

你看，如果以這個方式重新思考，就會知道：即使每次都選同一家餐廳告白，也不一定會成功；就算地點都一樣，對象卻不同。

既然條件不同，從前的方法當然不適用。你應該試著分析過去，找出其中的普遍性原則，或是為了配合現狀，應該要做哪些調整等等。請好好思考喲。

譬如事先調查哪裡的餐廳比較安靜，一開始先問清楚對方愛吃什麼，記下手機號碼隨時保持連絡等等，都是避免失敗的方法。

什麼？你說過去從沒有什麼特別的成功經驗嗎？

沒問題。這樣一來，完全沒有包袱，接下來只要準備迎向成功就行了！

不要只照以前的經驗做…… **應該找出其中的「成功原因」。**

如果過於依賴以前的經驗…… **狀況一改變，可能會失敗！**

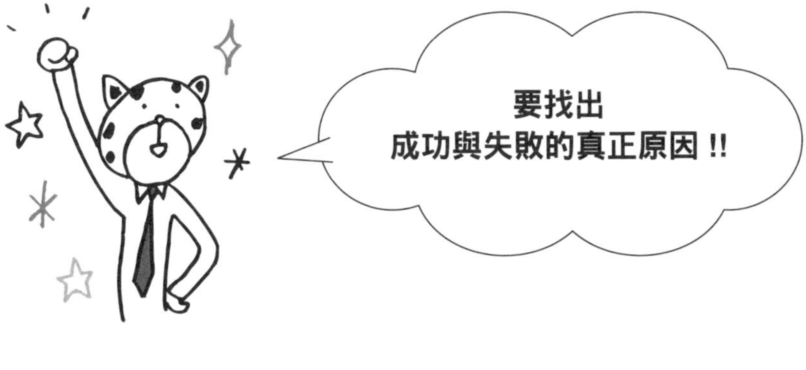

動不動就說自己「好忙」

很多人都會覺得「時間不夠用！」因此常聽別人說：一定要妥善利用零碎的時間。

想有效利用時間，首先要預測「自己多半在什麼時候會有空檔」。

譬如說開會，我預測在會議開始前，大概有十分鐘的空檔，因為我的部門主管通常會遲到五分鐘。那我就早點進會議室，在會議開始的十分鐘前準備接下來的新工作。

如果主管比預期早到，會議就可以提前開始；要是晚到，我就繼續讀資料。不論是哪種情形，都很有建設性（笑）。

假設有業務要來談公事，我猜想對方可能會晚到，或是談得比預期久一點，在訪談前後，我會預留點緩衝的時間；這也是一種

「空檔」。所以每次要談生意時，我就能知道那天會剩些零碎時間可以運用。

要是對方遲到時，我也不會放任自己枯等，這種時候可以利用時間做些簡單的工作。譬如瀏覽雜誌攝取新知、上網查資料等。

所謂的「空檔」，並不適合用在需要專注、有始有終的工作；適合處理中斷也無妨的瑣事。

等捷運到站的時間，大約都是五分鐘，這也是很不錯的零碎時間，你可以充分利用。

我自己是習慣拿出公事包裡的書閱讀，等車正是讀書的好時機。這樣一來，每天就有固定的閱讀時間。

單程如果轉車兩次就有十分鐘空檔，往返就等於二十分鐘。讀書速度快的人，一週之內就能讀完一本書。一年累積下來，就能讀將近五十本書。

「空檔」通常是伴隨著「等待」而生。打開你的行事曆，妥善安排原本消磨在等待上的時間吧，等人、等電車、等等……這些都是屬於你的「空檔」。

不論是大忙人，還是悠哉渡日的人，一天都是二十四小時。在會議室等待的五分鐘，或是早上慌慌張張急著出門的五分鐘，價值都相同的。

如果想有效運用每個人都公平擁有的二十四小時，關鍵在於你是否能意識到生活中隱藏的空檔，並加以妥善安排。

「空檔」無法用一句話涵蓋與解釋，你必須預測自己什麼時候會有空檔，用短時間就能完成的事情充實和填滿這些零碎的時間。

比起金錢，我們更常漫不經心地浪費時間。在一樣的時間內，有些人也許真的可以成就些什麼，但有些人也可能無所事事就這樣度過了。

只要預測自己什麼時候有空檔……**就能靈活運用時間。**

可以趁機準備接下來的工作……

也可以讀書……

如果不好好安排……**時間會心不在焉地流失。**

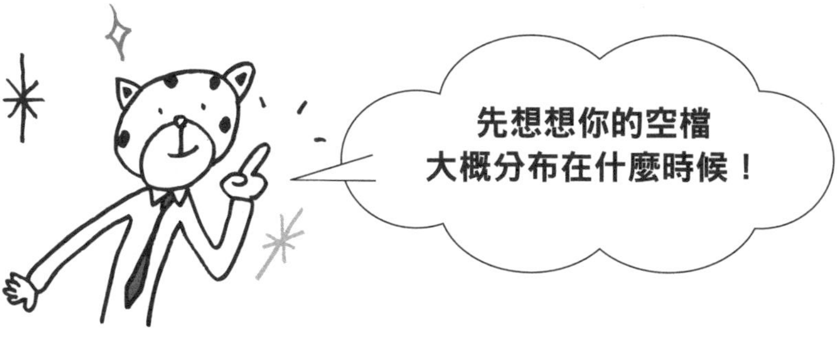

你決定了自己的格局與界限

當你在看奧運比賽的時候，是否為選手們的表現所震憾，並且深受感動呢？

我不禁好奇，為什麼奧運競賽或各項世界紀錄，總是能夠一再刷新？明明我們總會覺得，人應該不可能再游得更快、跑得更快了吧，這大概就是人類的極限了吧。但記錄卻總是一再更新，這究竟是什麼原因呢？

或許從朝日電視台轉播雅典奧運的主題曲中，可以找到答案。

謝謝　謝謝

（中略）

在持續邁向的遠方

我想體驗前所未見的風與光

即使哪裡空無一人

只要遙想著你　就無所謂
（中略）
試著開啟門扉
縱使門後誰也不在
（B'z〈ARIGATO〉）

前所未見的風與光。前人無法達到的紀錄，就像渺無人跡的境界。是否能打開那扇門的關鍵，正是自己的決心。

只要相信「我可以超越現在的自己」，就能邁向前所未有的境界。**紀錄與對手無關，而是超越自己的界限**。運動選手不斷努力超越自己的身影，總是令我們深受感動。

小時候大家常會覺得「我什麼都會」，對自己的潛力深具信心；長大後卻常覺得「我做不到」，並且時常放棄。人總是有各種各樣的理由，很容易覺得自己能力有限。

但事實並不是這樣，你其實潛力無窮。

譬如說我吧，我一直都有個願望：「總有一天要出書！」我還在當上班族的時候，覺得自己根本不可能寫書。我既沒有人脈，也不認識出版界的人，更沒有時間……上述種種理由，就是「自我設限」的框框。

不過，世界上沒有不可能的事情。只要朝著「寫書，然後出版」這個目標前進，許多幫我實現夢想的人，就不可思議地陸續出現了，於是造就了現在的我。承蒙大家幫助，包括這本書在內，我已經寫了六本書。如果我做得到，你一定也可以。

真正懷抱夢想的人，會相信「我辦得到」，並且竭盡所能去嘗試。如果遇到挫折，就想想那些努力超越自己、不斷刷新紀錄的奧運選手吧。

你一定會感覺得到：在某個瞬間，你終於突破了自己的極限。

只要不自我設限……**就能朝夢想更近一步。**
成為作家
OOの方法
獵豹著
我一定
可以！
獵豹新書出版發表會
掌聲鼓勵
如果侷限在自己的框框中……**什麼都不會發生。**
成為作家
OOの方法
小熊著
唉……
不可能啦，而且
我還要上班……
獵豹新書出版發表會
是獵豹
前輩!!

不要替自己的
能力設限！

什麼事都自己一手包辦……

凡事親自出馬，表示你在工作上處處慎重的心態。

但是，有時也要退一步想想：你可以將這件事委託他人嗎？

誰能勝任這份差事？

田島前輩應該可以。但是對於年輕的川上或許有點難？

最重要的並非真的拜託誰去做這件事，而是怎麼考慮委託的對象。

考慮委託的對象時，首先要從對方「能不能做到」作為先決條件。其次是，自己親自處理或委託他人，所能達到的完成度與時間、效率等。也就是比較自己跟對方的能力與程度。

這種「分辨等級」的思考方式，非常重要。

你正好也可以藉此檢視自己的能力與程度。

你是否常會連可以讓別人幫忙的工作，都一起自己處理了呢？

向來受人尊敬的田島前輩，通常處理的是較高層級的工作。那麼，如果讓你也試著經手比較難的工作，又會如何呢？

……其實這就是你要減少自己手上「由後進同事來執行也沒問題的項目」，並嘗試下個階段要勝任的工作。如果不這麼做，你永遠都無法拉近自己與資深同事在工作能力上的差距。

如果是凡事都叫別人去做的人，我反而建議你要親自處理各項事務看看。即使涉及的程度不深，還是多少嘗試一下。

如此一來，你會發現自己其實也有不會的地方，再次試做的時候，也會有不同以往的新發現；例如「這樣講比較好懂」等，更清楚如何教導新進同事。

工作事必躬親或全部委託他人，都是較極端的情形，但無論哪一種，都有不經深思熟慮就執行工作的傾向。其實這正是工作上最危險的狀況。

換句話說，就是你已經把工作「標準流程化」。如果能掌握到某些規則或步調，工作或許更容易照計畫進行。

凡事照計畫進行，固然容易掌握，但也會比較缺乏發展性。因為你不會去思考「怎樣做更有效率」。

「凡事自己來」這件事本身問題不大。

真正的問題在於：不假思索，沒有去想工作究竟是什麼，只是一味執行。

凡事自己來的人……**請試試看把工作委託他人。**

習慣依賴別人的人……**請自己動手做看看。**

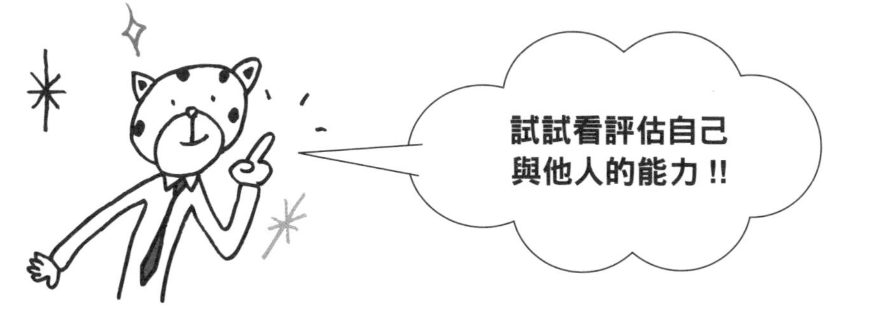

堅持自我

「我是第一！」「我還滿有魅力的喔。」

像這樣，在工作崗位上堅持自我的人其實不少。我自己以前也是。現在回想起來，覺得當時的自己真是不知天高地厚。

手機或電器會附上說明書，但職場卻沒有教戰手冊。因此，很容易照著自己的方式去做。如果沒有明確的規則，當然也只能以自己的風格工作。

雖然我目前仍以自己的方式行事，但已經是「稍微修正過後的原則」。

重點如下：

找找之前是否有過「類似的工作」，巧妙地融入自己的風格。

雖然之前可能沒人做過和你完全相同的事情，但是通常有人已經做過類似的工作。數量之多，可能超乎你的想像。

所以在你開始一個新工作之前，應該先打聽看看以前是否有過類似的案子。但我的意思並不是直接照抄喔。接下來就讓我說明其中的差別。

譬如在剛開始計劃寫這本書的時候，我會先讀讀看其他關於「如何改變壞習慣的書」。

讀了這些書之後，我就大致瞭解這類書多半採用說教的方式：「因為我可以，所以你也應該做得到」，不然就是恫嚇讀者：「如果再繼續這種壞習慣，將來後果難以想像喔！」

這兩種說法的確都有些道理，共通的是從「習慣的壞處」講起，接著再繼續鋪陳。而這本書則是假設「讀者知道哪些壞習慣最好要戒掉」的前提下，由作者提出「改變習慣的方法」。

對於「明知故犯」型的讀者而言，說教或恫嚇其實沒有太大用處。我打算只點出問題在哪，稍微開開玩笑，提供讀者參考，接下來就讓大家自己檢討了。再來向讀者指出「其實也有這樣的方法喔」，希望製造讓大家漸漸改變壞習慣的機會。

世界上大多數的人，都不是一開始就以自己的風格行事。一開始就堅持己見，很容易犯錯，因此最好是參考類似的成功案例。接下來，才是發揮自己創意的階段。

也就是將他人的成功經驗，巧妙融入自己的行事風格中。

不論對渴望成功的讀者，或是像我這種普通人，世界上都有無數值得參考學習的線索。首先，先找出類似的案例，從中擷取經驗吧。

如果真的照自己的作風行事，也都處理得不錯，那您一定是相當傑出的成功人士吧……什麼，不要說讓人反感的話？咦，我碰到你的痛處了嗎？（笑）

模仿以前類似工作的做法……**再從中找出屬於自己的風格。**
A先生是……
如果是
B先生的話……
關於這份
工作……
那本書教的是……
超仕事50術
就是這個方法！
獵豹
祕訣
如果一味堅持己見……**工作怎麼做都做不完。**
個人風格還是最重要的!!
嗚……
做不完……
……

真正的個人風格，
是從模仿開始!!

猶豫不決，寄不出道歉信……

No.07

電子郵件已經成為現代生活中不可或缺的一部分。

但有時候不知道該如何迅速回信，也很令人煩惱。尤其遇到特別重要的信，又遲遲不敢回應，心裡雖然在意，只能把郵件開了又關、開了再關……徒勞虛耗時間而已。像這種時候其實也不少。

其中最常見的是，犯錯必須寄的道歉信。通常遇到這種狀況，下筆會變得很困難。

像是交件的期限延誤了、不小心重覆安排會面時間等。

碰到這些情形，因為已經沒有辦法補救了，最好儘早寫信道歉。

無論你反覆考慮也好、煩惱也好，答案只有一個。

就是誠懇地說：「真的非常抱歉！」

如果連道歉都拖拖拉拉，恐怕給人的印象只會更差。「這個人真的很糟糕耶!?」

那麼，要怎麼把「真的非常抱歉！」真誠地傳達給對方？

我的做法是：絕對不找任何理由或藉口。

千萬別說什麼讓人聽不下去的藉口，最重要的是好好表達「我想要向您道歉」這件事。

缺乏說服力的理由，無疑是火上加油。而我們恐怕從來沒聽說過，藉口還會有什麼巧妙或高明的吧？

犯錯的時候，你的心裡應該是急著想道歉：「哎呀，我搞砸了，真抱歉。」沒錯吧？

請把這樣的想法明確告訴對方，並詢問：「現在有什麼我能幫得上忙的地方嗎？」你擔心道歉之後會遇到招架不住的難題嗎？別害怕，只要你以謙遜的態度面對，應該不會有人故意刁難。

別再煩惱了，試著與對方溝通看看吧。

對方原本處於「盛怒」的狀態，如果轉而思考「為了補償，有什麼可要求的？」想法有所轉變，心情也會稍微和緩一些。

不論自己有多懊惱，只讀信也解決不了問題。不要解釋理由，先道歉，接著詢問「有什麼我可以幫得上忙的地方嗎？」

只要及早回覆，雙方的壓力都不至於持續累積下去，真的比較妥當喔。

如果出錯……**「道歉」+「我能為你做什麼」，立刻回信。**

如果出錯……**「找理由」跟「延遲連繫」都是大忌。**

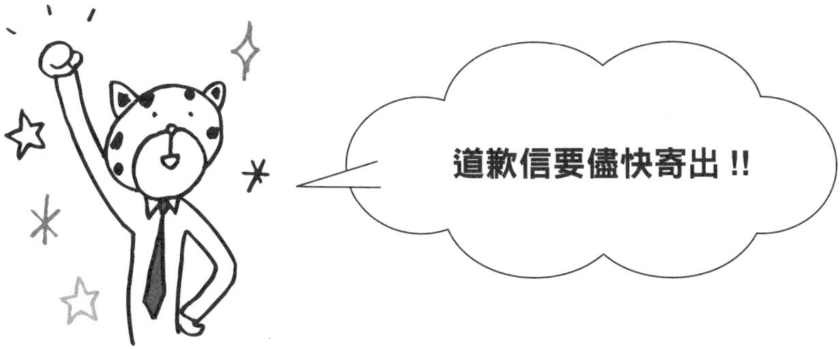

有時候缺少動力……

每個人都有缺乏動力的時候。通常壓力越大，越提不起幹勁。

在大人的世界裡，可不能隨便說：既然這樣，這種讓人碰都不想碰的工作，乾脆別做算了。

我的祕訣是：「覺得自己實在做不出來的時候，就暫時先放著吧。」

如果你覺得勉強，再怎樣都還是覺得勉強。不如在時機來臨前，先放鬆一下，等鬥志漸漸提高吧。

基本上是這樣沒錯，但如果遇到很趕的急件怎麼辦？畢竟我們是成熟的大人嘛（笑）。

針對無法花時間先讓自己放鬆一下的狀況，有兩個祕訣。

第一個是先花「五分鐘」做這份沒興趣的工作。聽好囉，只要五分鐘就好。

過了五分鐘後，如果不想繼續也沒關係。先設定好時間，好

了——結束。就像討厭牛奶的小朋友，捏著鼻子一口氣把牛奶喝下去。討厭的事情如果只是一下子，大概都還可以忍受。所以花五分鐘試試看，到底可以做些什麼。

如果試了五分鐘後覺得順利，就繼續做。一旦設了時間限制，就會覺得過得特別快。說起來，這也是人不可思議的地方。

要是五分鐘到了，覺得撐不下去，至少自己也盡力了，接下來就可以花三十分鐘做自己感興趣的工作；之後再花五分鐘，挑戰原先不想做的工作……就這樣交替進行。

另一個祕訣是，先做自己感興趣的事，提高工作意願，然後再立刻換成不喜歡的工作。

譬如在進公司前，如果覺得自己缺乏鬥志，戴耳機沿路先聽五分鐘的音樂，振奮心情。但不是在通勤時一直聽喔，是在進公司五分鐘前才開始聽。

「被玩弄於希望與失望之間　要不斷地鍛鍊脫穎而出Do it！」（B'z〈Ultra soul〉）

如何？不知不覺開始有些奮鬥向前的動力了！……就趁著這個時候，挑戰之前沒興趣的工作吧。連原先不喜歡的工作，都會變得順利許多。如果你喜歡的話，漫畫、小說、動畫也都一樣有效！事先準備好某種能提振精神的嗜好吧。

也有人是先做能激勵士氣的工作，然後再做比較不喜歡的工作。這麼一來，趁狀況順利的時候，就完成棘手的工作了。

究竟要一點一點慢慢進行不喜歡的工作，還是趁自己充滿鬥志的時候，轉換工作內容呢？不管你選哪一種，都一定得完成，不如選擇輕鬆的方式吧。結果你反倒會訝異：「啊？就這樣完成了呀。」

欸？你覺得繼續讀這本書的動機逐漸降低？這樣的話也沒辦法，如果不想讀，就不要勉強，反正你已經買了嘛。

＊注意＊如果是正在書店翻閱這本書的讀者，請務必先至收銀台結帳（笑）。

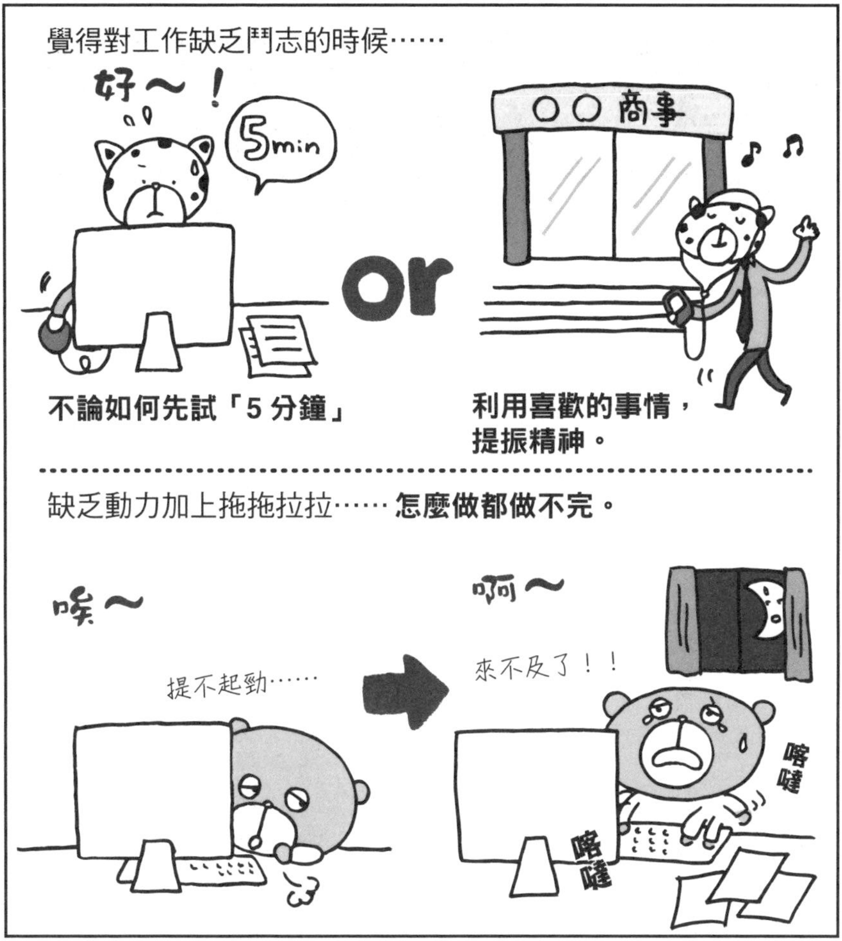
覺得對工作缺乏鬥志的時候……
好～！
5min
○○商事
or
不論如何先試「5 分鐘」
利用喜歡的事情，
提振精神。
缺乏動力加上拖拖拉拉…… 怎麼做都做不完。
唉～
提不起勁……
啊～
來不及了！！
喀噠
喀噠

祕訣：每次做一點點
或提振精神後，
轉換工作項目!!

好高鶩遠

「因為我很強，不管任何目標，我都能達成！」

這種心態如果只是自我激勵而產生的錯覺，那倒還好，但在現實生活中恐怕根本行不通。

如果根本搞不清楚狀況，就要貿然攀登聖母峰，只是自尋死路而已。所謂「攀登聖母峰」，意謂著要用自己的腳一直走到飛機平常航行的高度。

用這麼極端的例子來說明，或許更能讓各位了解。

如果把剛才說的聖母峰改成「目標或結果」，結果會如何呢？你真的能贏得偉大成就嗎？

如果是很高的山，或許會讓人心生警惕；但不論你想爬什麼樣的山，原則其實都一樣。

為了達成「攀登高山」的目標，首先一定要打好基礎。

在登山之前，要先經過訓練，然後循序漸進往上爬。基礎真的很重要，你必須要有這樣的認知。

如果花點時間看傑出人士的電視專輯或紀錄片，你自然就會明白，也會覺得很真實。目標遠大的人，都是紮實地從基礎開始不停磨練，正因如此，這種節目通常特別感人。

現在，把焦點轉到你身上。

接下來我要傳授邁向成功的祕訣。

請試著想像：你終於達成了遠大的目標，周遭人們喝采的動人畫面。

沒錯，就是先想像屬於你自己的紀錄片。

我在進行重要的企劃案時，總是會先想像大功告成的畫面。然後，為了真正體驗成功的滋味而工作。

除了獲得成功時的動人場景，當然也有之前踏實努力的時刻。請想像一下，你在目前的工作上耗費了多少心血。

也許要跟頻率不合的人一起工作，或是忍耐單調枯燥的部分。

如果冷靜下來想想，就知道打基礎很費力又不起眼，卻是必要的工夫。人不可能只做過幾次伏地挺身，就一路衝到山頂；但持續練習伏地挺身，就可以鍛鍊登山攻頂所需的耐力跟體能。總有一天，動人的結局會悄悄降臨……

暫時把書闔起來，開始行動吧。你看，你的紀錄片製作班底，已經來準備拍攝你平時努力奮鬥的情景了。

為了實現目標……**首先是想像「你自己的紀錄片」。**
超越困難……
嗚
歷經挫折
與背叛……
最後是
感人肺腑的
畫面。
好高騖遠，只想獲得偉大的成就……**半途就失敗了。**
啦啦～
啦啦～
成果
滑落
成果
滑落

不要過度
高估自己的能力!!

不寫 MEMO，以為靠記憶力就行

凡事都想靠自己的記憶力，不做任何筆記，已經是過時的方法了。這種記法其實還滿浪費腦力的。

「去幫我買兩瓶牛奶、一串香蕉，再加上十六枝鉛筆!!」

如果你被派去買東西，當然是把項目寫下來比較省事。各位應該也寫過ＭＥＭＯ吧！學生時代準備考試時，有些人不擅長背誦，就會整理重點筆記。

寧可先寫下購物清單的原因，在於這「只是一時要用的東西，就算背起來，以後也派不上用場」。記憶還要用腦力，寫下來其實更快。

其實工作也是一樣。在讀書的時候，有很多知識一定要背起來；但工作的時候邊參考備忘錄也無妨。

但是，工作時沒隨手筆記的人其實很多。

聽完前輩說明，明明爽快地應道：「我知道了！」結果後來又忘了。「欸，這邊好像是選這個的樣子……」前輩很忙，不好意思再問一次，那就自己來做做看好了。可是總覺得哪裡怪怪的……

像這種記不清楚的狀況，成果頂多只有80分。**與其靠記憶力得到80分，不如一邊對照筆記，追求100分的效果。**

如果寫好筆記，就算忘了也沒什麼大礙。出社會之後，大量資訊不斷湧入，有很多事你在短時間非記住不可。但是你的記憶力已經不像年輕的時候那麼好，在明明不需要背的事物上花腦力，其實也很痛苦。

不論是前輩的建議、工作上需要注意的地方、要買的東西、忽然想到的點子、想吃的菜等等，全部（寫下來。反正就是先記下來，然後暫時不去想。很多東西其實都可以捨棄，但是筆記在日後卻能派上用場。

只有一點你要留意。

那就是：**所有筆記要寫在同一本冊子上**。要讓書寫的習慣單一化。

如果到處記，最後你會忘記自己到底寫在哪裡，因此一定要先弄清楚記錄的地方。

就像報紙上的電視節目表總是刊登在固定的位置、書籍的目錄也都安排在最前面，寫ＭＥＭＯ最好也能養成習慣，並牢記在心。

只要選定好ＭＥＭＯ慣用的型式或位置，找起來就會很輕鬆。

用手機記也好、或改用電腦記也可以，反正祕訣就是，一定要百分之百記在固定的地方。

針對稍後仍須記得的事項……就先寫下來!!
今天回家路上要買的東西，
MILK
K公司的訂量要改成五千。
好!!
靈感
電腦也好，手機也好，只要選定一種寫備忘錄的固定方式
OK!
購物清單：土司、牛奶
靈感：○○可以用△
K公司訂量：四千改成五千
8/1
既使自以為記得……之後可能全忘了。
12日下午2點，約在有樂町中心大廈前！
知道了。
30分後…
咦？……好像是14號吧？

「我一定會記得」
這種信心根本不可靠!!

過於倚賴數位科技，反而溝通不良

電子郵件真的很方便，即使沒碰到面，依然可以傳達訊息。因此，藉著通信完成工作的比例也逐漸增加，連電話都愈來愈少打了。這究竟是為什麼呢？

因為寄電子郵件比較快。因為數位科技的速度真的比較快。大家的確很關心溝通的「速度」，然而「品質」的部分又變得如何呢？

我在跟人互動時，可以感受到對方的工作態度，所以當面洽談是最好的溝通方式。

寫電子郵件時不需考慮到對方的反應，其實比較容易。當然，收到回信時總會知道答覆，但多半只是單方面傳達指示或命令。尤其當自己是上級或地位較高的時候，更是如此。

在見面時，可以看得到對方的表情；如果打電話，或許也可以透過沉默等反應，得知對方的心情。**所以當場溝通互動，才有捕捉人心微妙變化的機會。**

在工作上尤其如此。實際上碰不到面的人很多。你曾見過幾位往來客戶的上司或同事呢？請就目前的工作，來回想看看。

如果沒有上述這些人的協助，工作不可能完成。因此直接面對面溝通，是非常重要的一環。

我會盡可能與跟合作對象見面，寫這本書時也不例外。因為有編輯、插畫家、書籍裝幀設計、業務人員合力協助，這本書才能送達各位手中。而我擔任作者撰寫內容，只是在整體工作中負責其中的一部分而已。

因此我會找機會跟相關的全體工作人員見面。雖然寫電子郵件一樣也可以聯繫，但真正見過面之後，會對一起工作的人留下印象，再讀信時會更容易進入狀況。譬如，對於簡短的信不會解釋為「冷淡」，而是想成「對方一定很忙吧」。

如果是工作上往來的公司，要主動跟承辦人員打招呼。只要想約會面，應該就能見到面。如果見面實在有困難，至少也可以打電話說聲：「這件事還請多費心，拜託您了，謝謝！」

如果能跟客戶的長官稍微談過，就會明白：「因為對方是這樣的人，所以會採用這樣的工作方式」、「原來他的說話風格就是這樣」。這些都是見面後才知道的細節。

數位化不是一切。最後還是要憑藉人的熱忱，提升工作速度與品質。

時而打電話、時而當面會談……**雙方可以互相瞭解、提高工作意願。**
講話很快，應該很忙吧。
原來如此
關於上次的案子，B公司有個企劃案……
and
這位是設計師K小姐。
你好！
如果光以信件聯繫……**只能達到最低要求。**
您好，這個案子就拜託了……
寄出
設計也有待加強
K小姐的表現低於平常水準～
是……
真抱歉。

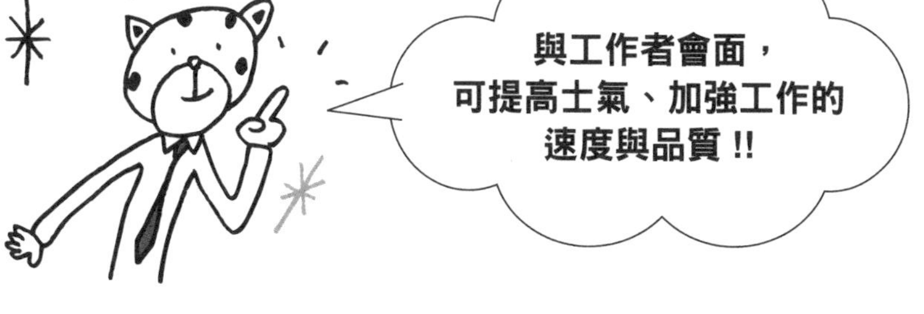
與工作者會面，可提高士氣、加強工作的速度與品質!!

看到新的3C產品，就忍不住想買

有些人很喜歡3C產品，我也是其中之一，完全被迷得團團轉，只要新產品一上市，就忍不住想試用看看。

這些產品的廣告文案多半寫著：「具備劃時代的新功能」。因為是新產品，如果具備劃時代的功能也是應該的；可是通常看到著漂亮的廣告文宣，連想都不想，就會覺得上面寫的都好棒。

所以，那就買〜吧？且慢，如果真的想買，先等一下！稍微冷靜一會兒，想像自己實際使用的情形。廣告上各種炫目的功能及特色，你是否想過可能這些功能「實際上根本用不到」？

我的目光總會被新玩意吸引，但真要下手買的時候，我會以「具備自己需要的功能就好」為原則，釐清目標，重新思考。

其實，以現有機種就能完成的功能，如果只是換一台新機器操作，真的沒什麼太大的意義。

個人的行事曆，我反而傾向寫在記事本上。如果跟團隊共事的話，因為要在網路上共享行事曆，就採用數位的形式；假使沒有工作上的需要，就用紙製品。

不論選擇哪一種，以較快達到目的者優先。

譬如到開會尾聲，要約定下次會面時間的時候，翻開記事本比較快，所以我習慣用紙製品。如果要給客戶估價單，最早都是用郵寄，後來改用傳真，現在幾乎都用電子郵件傳送。一樣都是選擇較快達成目標的途徑。

寫備註的話，也不是選電子檔，而是用筆記。除非像日本某些家庭餐廳，採用可隨手點菜的電子筆記本，那又另當別論，否則還是手寫比較快。

鎖定幾種自己最需要的功能，就不必購買昂貴的機種，那些機種也自然會排除在你的選項之外。這麼一來，也不必廣泛比較各種型號，更容易挑選。只看自己肯定需要的功能就好，有時反而會覺得稍舊的型號更實用，因為其他功能顯得有些多餘。

以產品製造商的角度來看，當然希望產品擁有各種功能，因為有些人可能會選擇功能較多的機種。但實際上用到這麼多功能的機率並不高。任何功能，原先都是為了供人使用而研發的；如果沒有實際派上用場的機會，就算購買再高科技的產品也沒有用。

咦？你說這本書不也一樣刊載了五十個功能之多嗎？觀察力不錯，這就是我的用意。只要這本書有一個可供參考的訣竅，對你而言，就有購買的價值。

為了避免被高科技產品牽著鼻子走……
最新機種
New
可是我覺得前一款機種就很夠用了
or
好的，大約是5號左右……
說起下次約定的時間……
著眼於必要的功能
依狀況選擇工具
如果被很炫的產品的新功能迷惑……結果可能根本用不到。
終於買到了!!
超高科技手機
結果只會傳簡訊跟打電話
不知道要怎麼用……

看用哪種比較快，
來決定要用電子產品，
或其他替代品!!

第二章

不知不覺中常犯的「生活上」的壞習慣

買過的雜誌堆積如山

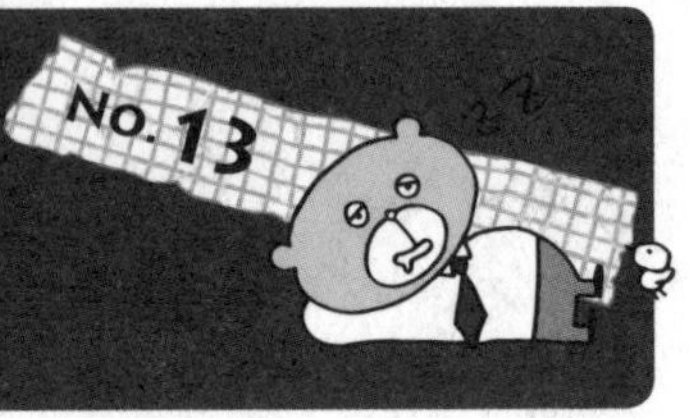

隨手買的雜誌，不知不覺在家中堆成了一座小山。這些雜誌多半是在車站或便利商店看到的，因為標題很吸引人，所以順手就買了。

如果買來真的乖乖讀，當然也不錯。但往往可能連翻都沒翻過，只是一直堆在那裡，不論在金錢上或空間上都是一種浪費。

便利商店裡有陳列架可以擺放，所以一眼就看得到標題；但在家中通常不能這樣擺，只能一本本平擺在書桌上，越堆越高。這樣做大概只能看見最上面那本雜誌，其它的被翻閱的機會就更少了。

為什麼會這樣呢？因為原先吸引你視線的標題已經被遮住了，所以缺乏閱讀這本雜誌的動機。

舊雜誌裡的資訊多半沒什麼價值。如果真的有用，便利商店應該會繼續賣。過了一段時間的資訊，只要上網查詢，大概都已經有人整理過、寫成文章。只要記得關鍵字應該就夠了，所以其實不用刻意保留雜誌。

什麼事都有人做，就是不會有人來幫你清雜誌。

所以，請逐漸淘汰你家的舊雜誌吧。

否則一不小心雜誌堆有天也會火燒山喔！

整理堆積如山的雜誌，其實只要瀏覽那幾篇感興趣的文章就好，根本不必讀完全部內容，就算讀了也會覺得「資料好舊」，徒增感傷罷了。

何時才是捨棄雜誌的時機呢？雜誌跟食品一樣，都有保存期限。食品如果壞了，很容易看得出來，也非丟不可。換成雜誌的話可以根據發行日期來判斷。

所謂雜誌的保存期限，就是到下一期出刊為止的時間。如果是時效性雜誌，最好在期限一到就淘汰掉。

雜誌特刊或MOOK也一樣。知識性或嗜好類的MOOK比較有保存價值，但時間一久，資訊過時了，就可以淘汰。如果沒有時效性的資料，那就要當成「書」來看待，應該歸位到書架上。不然就是把需要的頁面剪下來歸檔，或掃描起來儲存在電腦裡。

追根究柢，人究竟為什麼會捨不得丟舊雜誌呢？或許是覺得「沒有全部讀完，有點浪費」吧。

如果拿看電視的習慣來比喻，看到不感興趣的節目，人們通常會轉台跳過。雜誌其實也一樣，只要針對感興趣的部分，讀過且吸收資訊之後就可以淘汰了。

閱讀過的雜誌……**可以定期淘汰。**

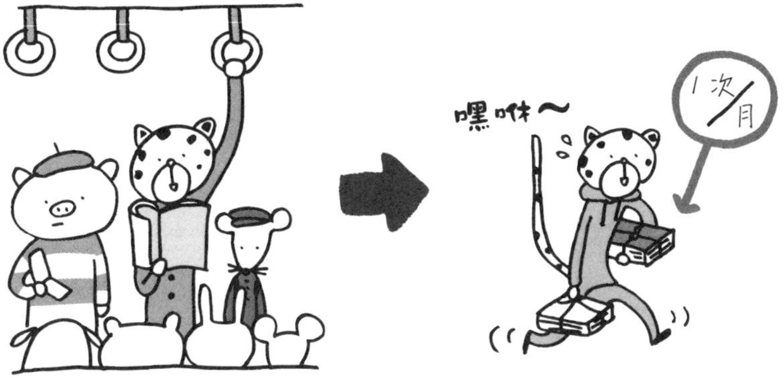

覺得「可能還會看」的雜誌……**其實根本不會再讀。**

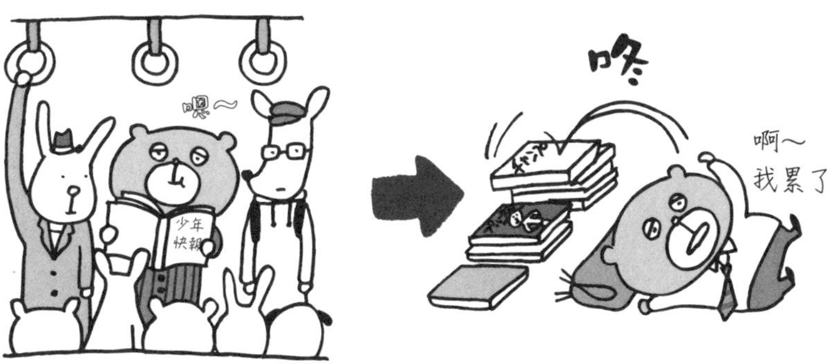

一不小心又花太多時間上網……

哇！一看時間，才發現已經半夜了。

不知不覺，又在網路上耗太久。

這是很常見的事情。所以，網路有時候比電視可怕。你知道為什麼嗎？

要是電視節目很乏味，觀眾馬上就不想看了；如果是有趣的節目，時間又相當有限。

但上網的話，是針對自己感興趣的內容不斷連結下去，不會感到無聊，就像連續看自己喜歡的電視節目一樣。因為人的好奇心無窮，對於這種天性，網路就像一種用了會上癮的毒品。

在現代生活中，不論透過手機或電腦上網都很容易，想戒掉上網的習慣就更難了。法律又不可能明文規定禁止上網，所以想瀏覽多久都可以。

好吧，那就把這本書擱下，盡情地去上網吧……喔，你不是這個意思？你覺得不應該沉溺在網路的世界，想知道保持清醒的祕訣嗎？原來如此，出發點相當不錯。

想妥善安排上網時間，最有效的祕訣如下：

用計時器設定上網時間。就這麼簡單。

在上網連線之前，可先利用手機設定鬧鐘，譬如十或十五分鐘。設定好了再連線上網。

手機的鬧鈴，不只可以當起床用的鬧鐘，也可以帶你從網路回到現實世界。

上網這件事倒沒有什麼不好，但是花太多時間就不太妙。人要是完全失去探究事物的好奇心，生命就等於到了盡頭。所以最好採取漸進式上網，妥善控制時間。

我們就來練習看看吧。將鬧鈴設定在十分鐘後，然後開始瀏覽網頁。先查詢關鍵字「美崎榮一郎」，然後就會連結到我的官方網站。在十分鐘內，你可以停下來嗎？

……什麼？因為沒什麼好看的，所以在鬧鈴響起前就把瀏覽器關了嗎？

真抱歉，為了寫出更有趣的內容，我會繼續努力，請大家先別上網，好好把這本書讀完吧。

上網的時候……搭配鬧鈴。
嗶嗶
30min
欸！
時間已經到了?!
準備關掉視窗……
如果不預先設定好時間不停上網……會很危險。
AM3:00
喔?原來是這樣的呀……
喀噠
先決定好
要花多少時間上網!!

快遲到了，慌慌張張擠上車

「請勿強行進入車廂！」雖然車站廣播這麼提醒，但你還是慌慌張張硬擠上車，究竟是什麼原因？仔細說來，這都是因為缺乏時間上的餘裕。

在今日想要正確算出交通所需的時間，並不太困難。但因為上網查出車程，算準才出發，有時卻得硬擠進擁擠的車廂。我們又不是當紅藝人，實在不需要趕成這樣啊。

我的習慣是提前一個小時到達。抵達目的地後，妥善運用接下來一小時的時間，譬如用餐等。

舉例來說，如果要在下午一點談事情，我會在十二點先到，就近先吃午餐。這樣在談話時，又可以多了一個「今天中午在附近的某某餐廳吃午飯」的話題，邊找午餐地點也可以順便觀察附近環境，譬如「有高中」、「最近在蓋新的大樓」，可以讓談話更熱絡。

如果是早上十一點約談，就不適合安排午餐，但還是可以提早到，先找家咖啡館待著。既然在工作上必須閱讀的書與資料很多，與其在公司座位上讀，不如到目的地附近的咖啡館進行。

另外，萬一捷運或公車誤點，也可以在車站附近的咖啡館等候。通常不太可能延到一小時後才發車，所以可以在誤點四十五分鐘的時候再上車，這樣既不用勉強搭乘擁擠的車廂，也仍可在約定時間十五分鐘前抵達。

只要安排充裕的時間，提早到達，即使有突發狀況也不會受到影響，眼前的車就這樣開走也不必慌張。錯過一班車，依然可以從容不迫。在等車的時候，可以讀自己喜歡的雜誌或書。用手機回信也可以。只要稍加等待，搭乘下一班車，就可免於陷入擁擠，也可以做些自己喜歡的事，對時間的運用來說相當有利。

如果趕在車門關閉前勉強擠進去，會覺得壓迫感很大，既不能讀雜誌，更沒有座位可坐。

捷運其實不擠，事情也沒那麼急，但你就是習慣了應該要趕車？

真是傷腦筋呀（笑）。仔細想想，不論趕上車或沒趕上車，基本上能做的事情都是一樣的，讀書、寫電子郵件……總之就是做些對自己有益的事，不要讓等車的時間平白流逝。

只要避免飛奔衝進車廂的窘境，就不會遭到其他乘客的白眼。更不會因為衣服或公事包被車門夾到，搞得警鈴大作，讓列車無法順利行駛，甚至是誤點。

所以，你其實不必趕搭擁擠的列車。我們常說「如壽司般擁擠的車廂」[1]，但超市裡賣的壽司也沒這樣擠成一團呀。講到壽司，我還真希望可以多塞一點呢（笑）。

註1：日本俚語。因為以前日本壽司店大多以押壽司為主，客人也都喜歡外帶回家，壽司盒裡一個緊接一個塞滿了壽司，故衍生出形容擁擠狀態的俚語。

如果在行動時預留一些空檔……**就可以有效利用時間。**
好擠啊～改搭下一班車吧。
○××站
在等待時讀資料
如果把行程安排得分秒不差……**不論在時間上或行動上都毫無餘裕。**
來不及了～快衝!!
請勿強行進入車廂！
雖然趕上了，但是……
滿
滿

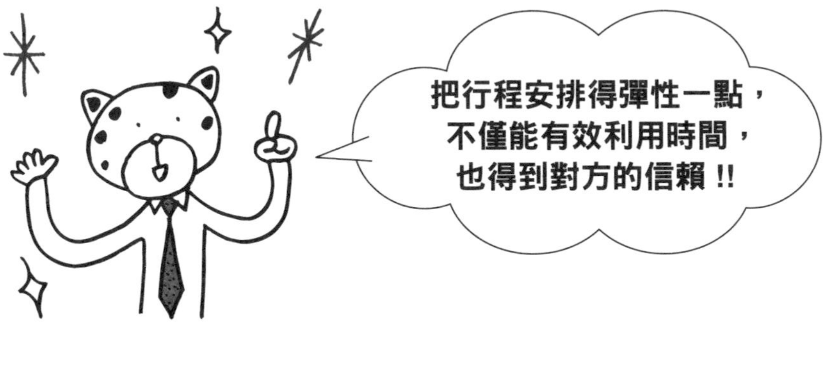
把行程安排得彈性一點，
不僅能有效利用時間，
也得到對方的信賴!!

發票跟集點卡塞滿皮夾

把你的皮夾拿出來看看。是不是塞得滿滿的呢？

塞得滿滿？嗯～想必是有錢人囉？

什麼？其實只是一些捨不得丟掉的發票或明細呀？這些東西留在皮夾裡有什麼用嗎？

如果是為了記帳，其實最好每天把塞在皮夾裡的發票拿出來出。

方法其實很簡單。每天回家之後，先把信箱裡的廣告信拆開內容物丟掉，然後在信封上註明日期，用來放當天的發票。

只要把當天的發票整理在一起，日後想檢視時會很輕鬆，同時又清理了惱人的廣告信，真是一舉兩得呀！至於信用卡簽單等較重要的明細，也可以跟發票一起放在信封裡。

對於講究收納的人，沖洗照片時附贈的迷你相簿也很好用。可以把發票當成相片一樣放入格子裡。迷你相簿通常可以放三十張照片，一天用一格，一冊正好可用一個月；十二冊就等於是一年份的帳簿了。

放在透明的收納簿能夠大致看見內容，你可以心算一下大概的金額，用奇異筆寫下「約二百元」，就記好帳了。

這麼粗略真的沒關係嗎？當然，如果可以的話，精確一點會更好，不過只知道個大概也行。

有時候會覺得開銷比較大，以百元為單位記下花費金額，應該就差不多了，由此可看出哪天花的錢比較多，每日開銷究竟是多是少。這樣運用發票，應該會比塞在皮夾裡要好吧。

什麼，你的皮夾拿掉發票還是塞得滿滿的嗎？我想，剩下的大概都是集點卡。

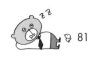

說起集點卡，其實是商家鼓勵客人消費的一種技倆。回饋的紅利大約只佔消費金額的1%，花了一千元，折抵十元。為了集點數，有時還得多買一點……其實這樣消費，你反而吃虧。買東西本來是買自己需要的就好。

與其設法多拿十元的紅利，不如花心思買便宜十元的東西。避免多花一千元買多餘的東西，才是真正划算。

其次，**不要把集點卡放在皮夾裡，最好另外收納整理**。如果打算要買高單價的東西，自然會想到：「好像會花滿多錢的，今天要記得帶集點卡。」如果集點卡沒帶在身邊，自然就會選擇在訂價便宜的地方買東西。

如何，你的皮夾應該變得很清爽了吧。嗯？現在又突然覺得自己沒什麼錢，皮夾看起來空空的？沒關係，只要養成不亂花錢的習慣，你的錢自然會存在銀行裡喲。

維持皮夾清爽的祕訣就是……
把發票跟收據放在廣告信封裡，
註明日期。
清爽整齊!!
7/8
POINT Card
DUST
如果不記帳，
最後可以扔掉。
集點卡可另外
集中放在一起。
皮夾看起來臃腫的人經常……
啊!!
叮零
錢會掉出來……
臃腫
到底塞到哪裡去了……
會員卡也找不到……

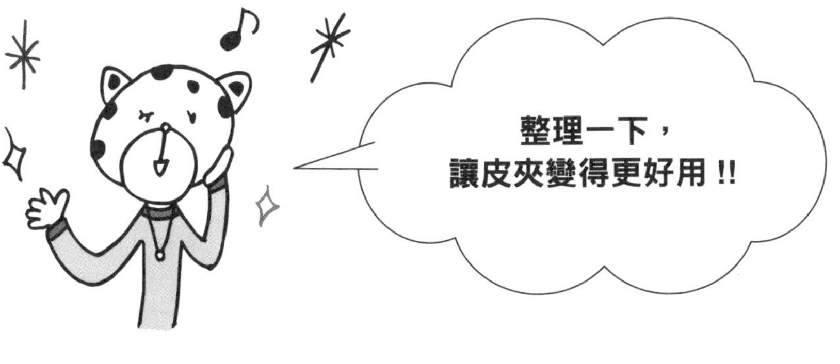
整理一下，
讓皮夾變得更好用!!

節食也好、學英文也好，經常半途而廢

我周遭有許多人，不管是節食也好，準備多益測驗也好，都無法持之以恆，而深感困擾。究竟為什麼無法持之以恆呢？

其實半途而廢的人，都不曾真正下定決心要實踐目標。

我也常說自己「一定要節食」、「都沒在好好準備多益」，但那只是場面話罷了。純粹只是剛好聊到，本來就沒打算要認真進行（笑）。

如果你真的希望自己節食成功，那你就會變瘦；如果你是認真要在多益測驗考取高分，那你就會考好。

接下來就是，真正下定決心的方法。

首先，你要想像：如果持之以恆，將來的自己會變成什麼樣子。這點非常重要。

為了力行節食計畫，忍耐著不去享受美食，這應該不是你的本意。節食成功後，可以穿上喜歡的衣服，說不定還能交到男朋友或女朋友……這才是你真正的目標吧？

既然如此，你要把這種願望轉化為願景，如果不勾勒出美好的未來，就沒辦法誘發自己「認真」的動機。

其次，為了編織美好的遠景，你還要明確訂出時間表。

舉例來說，如果你有喜歡的歌手、偶像、演員，就這樣下定決心：「在他開演唱會之前一定要瘦下來！」或「我要在電影首映會前瘦身成功！」如果是準備英文考試，可以這樣計畫：「考完試之後，為了獎勵自己，我要出國旅行」，先訂出日期跟地點。

訂好時間表之後，接下來你要尋找夥伴。如果目標是演唱會，不但要約一起去的同伴，還可以公開告訴大家：「我在演唱會前要瘦三公斤！」如果是旅行，可以對同行的朋友揚言：「如果我的多益考到八百分以上，就自願當大家的嚮導！」

只要有願景，就有持續下去的動機。而且如果你意識到有人為自己作見證，不論節食或考多益，都不會輕易放棄。

如果不容易達到自我要求，那就利用某些場合或大事，把其他人拉進來，藉此達到約束自己的效果。

在沒有他人注意的情況下，很少人能夠持之以恆。像藝人或模特兒能夠維持曼妙的身材，正因為他們從事的是「被觀賞的工作」。

不過，要是你瘦身成功、又順利跟明星交往，之後卻因為太幸福又變胖了……我可不接受讀者中訴喔（笑）。

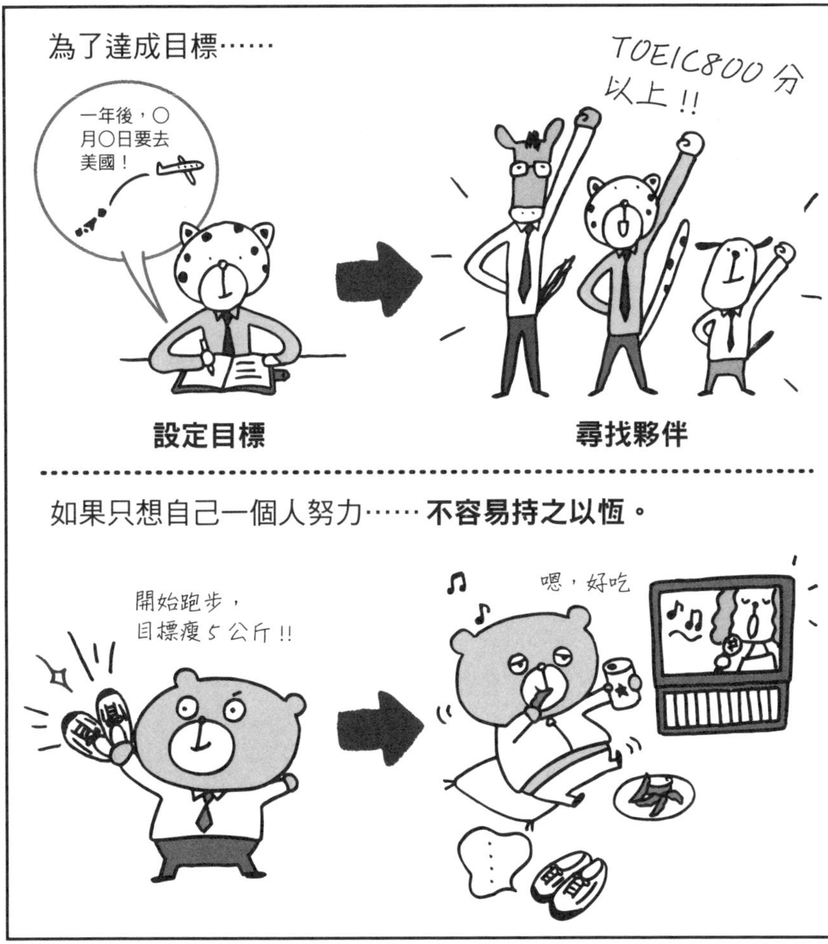
為了達成目標……
一年後，○月○日要去美國！
TOEIC800分以上!!
設定目標
尋找夥伴
如果只想自己一個人努力……不容易持之以恆。
開始跑步，目標瘦5公斤!!
嗯，好吃

藉著想像願景、尋找同伴，達到你的目標!!

不知不覺一直在看電視

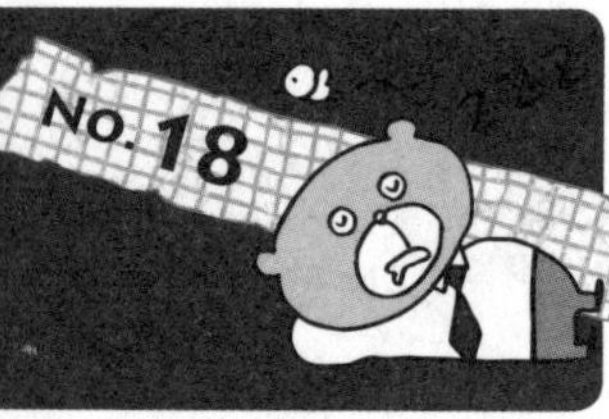

你想知道現在幾點了，於是打開電視，卻不知不覺就一直看下去，在電視機前一坐就是好幾個小時……等一下！那些節目不是跟你無關嗎？

通常我們隨意開電視是為了放空，稍微讓頭腦休息，暫時停止思考。如果只是想著：「先看一下電視轉換心情，然後再開始工作！」你可能會一直不停看下去。電視可怕的地方，在於你連想都沒想，就耗掉很多時間。

但是，你在無意間看的那些電視節目，幾乎都是對你無益的資訊。

譬如藝人結婚離婚的消息、偶像的緋聞，這些可有可無的訊息，就算沒看電視大概也會聽別人說起，就算不知道，也不會特別覺得困擾。如果有人在閒聊時提到，就順便聽聽，坦承：

「哇！我不知道耶。」反正就只是閒聊嘛（笑）。

明明知道電視節目的內容乏善可陳，卻還是停不住一直看。因為電視台最擅長的就是將無聊的事情，用有趣的方式傳達出來。如果只想知道現在幾點，瞄一下時鐘就夠了，一旦打開電視，就會沒完沒了。電視節目中有很多陷阱，會吸引你的注意力、虛耗你的時間。

傑出的商界人士，幾乎都說自己不看電視。你可能會感到懷疑；但電視台的工作人員，據說回家後也不太看電視。他們又是如何看待電視呢？

答案是：**他們只看真的很想看的節目，不會開著電視漫無目的隨便轉。**

為了避免自己沒事就打開電視，最好清楚訂出看電視的時間，尤其一開始就決定要看的節目，這點非常重要。如果先選好自己喜歡看的連續劇、電影或紀錄片，就不會懶洋洋地一直看下去。

實際上，那些擅長時間管理的高手，為了節省時間，只吸收最精華的資訊。如果看五分鐘就結束的新聞跟一小時的談話性節目，掌握到的重點是一樣的，他們會選擇五分鐘的新聞。就從能否靈活運用這一小時開始，發展出截然不同的人生。

你也應該在想看的電視節目一結束，就馬上關掉電視電源！千萬別在電視機前耗下去。

先從養成「關電視」、「不開電視」的習慣開始。只要不開電視，就不會「想都沒想就看個不停」。

假如電視機沒開，你就不知道現在幾點，那就在電視機旁再擺個時鐘吧。

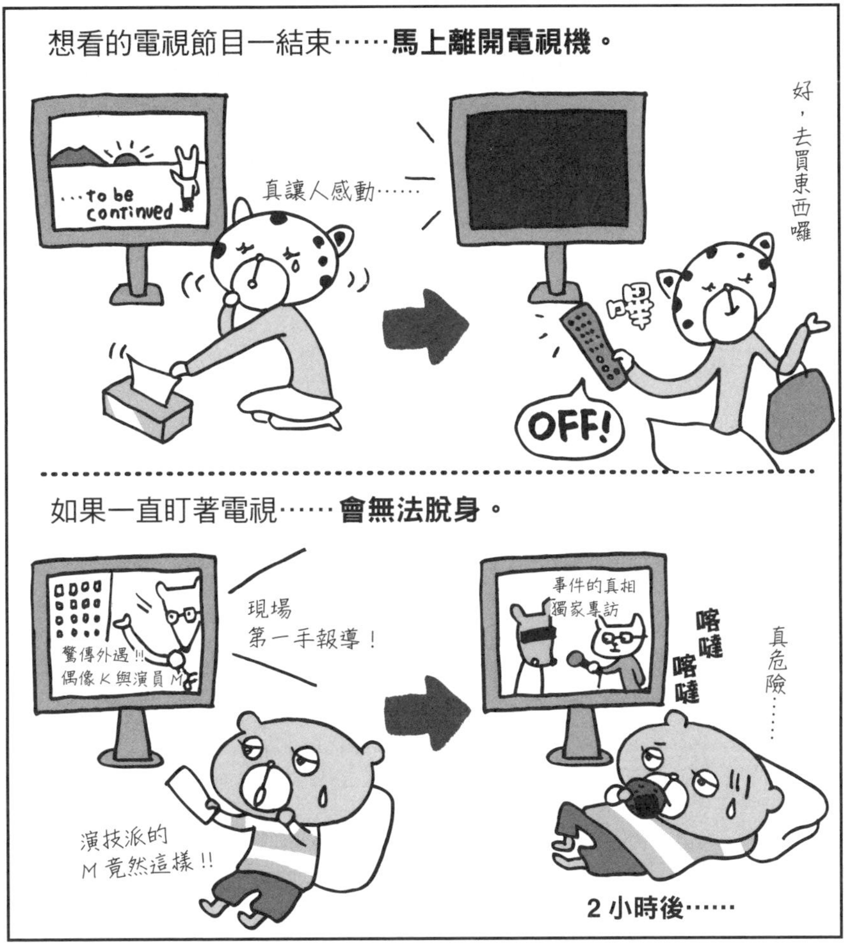
想看的電視節目一結束……**馬上離開電視機。**
…to be continued
真讓人感動……
好，去買東西囉
嗶
OFF!
如果一直盯著電視……**會無法脫身。**
驚傳外遇!!
偶像K與演員M
現場
第一手報導！
演技派的
M竟然這樣!!
事件的真相
獨家專訪
喀噠
喀噠
真危險……
2小時後……

想看的電視節目一結束，
記得馬上關閉電源!!

搭車時
老是玩手機

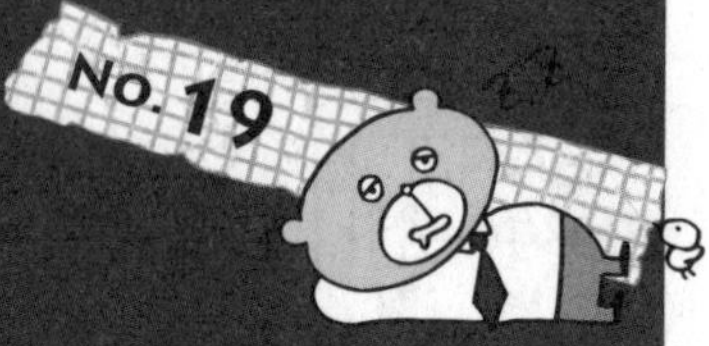

你是不是一上捷運，就開始玩手機？

上網、檢查郵件是免不了的，但接下來有些人可能會開始玩電動。這是最不好的一種手機用途。偶爾玩玩或許可以消除壓力，倒也無妨；但一直玩下去，眼睛容易疲勞，大腦也沒有真正獲得休息，並不是好事。

玩手機沒什麼問題，但是在捷運上一旦不知要做什麼，就利用手機打發時間，這樣的習慣就很危險了。

大部分的人都常說自己已經很認真在把握時間，時間卻老是不夠用，但實際上浪費掉的時間也不少。讓時間平白流逝的主要原因在於「惰性」。一旦惰性變成習慣就糟了。

為了避免自己養成惰性，先決定搭捷運時要做些什麼吧。

我想，此刻正在捷運車廂裡讀這本書的人，應該不會放任自己惰性發作一直打電動吧（笑）。**搭車的時候，除了駕駛以外，每個人都可以趁機做自己想做的事情喔！**

我通常會在搭車的時候回信。平常走路的時候沒辦法做，但在捷運上兩手可以空出來，正是用手機寫信的好時機。就依照事情的輕重緩急排序，一一回覆。

別總是「照慣例」或「不知不覺」就開始打電動，搭車時，你可以做自己想做的事情，譬如「寫信給朋友」、「瀏覽新聞」、「閱讀電子書」等。

即使在收訊不良的地方，不需要透過網路，我還是有辦法跟作者保持聯繫（?!）——只要讀書就可以做到。我都會先準備一本書放在公事包裡，有時間就拿出來閱讀。

如果手邊沒書，眺望窗外的景色也不錯。你會發現其實這樣也很有趣，而且看著看著會有很多新發現。

加藤昌治的著作《考具》（由阪急傳播出版）裡提到「彩色公車」的創意訓練，值得推薦給有興趣的讀者。譬如今天的主題色是「紅色」，就特別集中注意力看紅色物體，並任由窗外景色從眼前飛過，這個方法也有助於尋找靈感。

可別再放任自己的惰性玩手機了，只要往窗外一看，說不定你就會注意到以往忽略的景象，會有種驚喜的感覺喲。

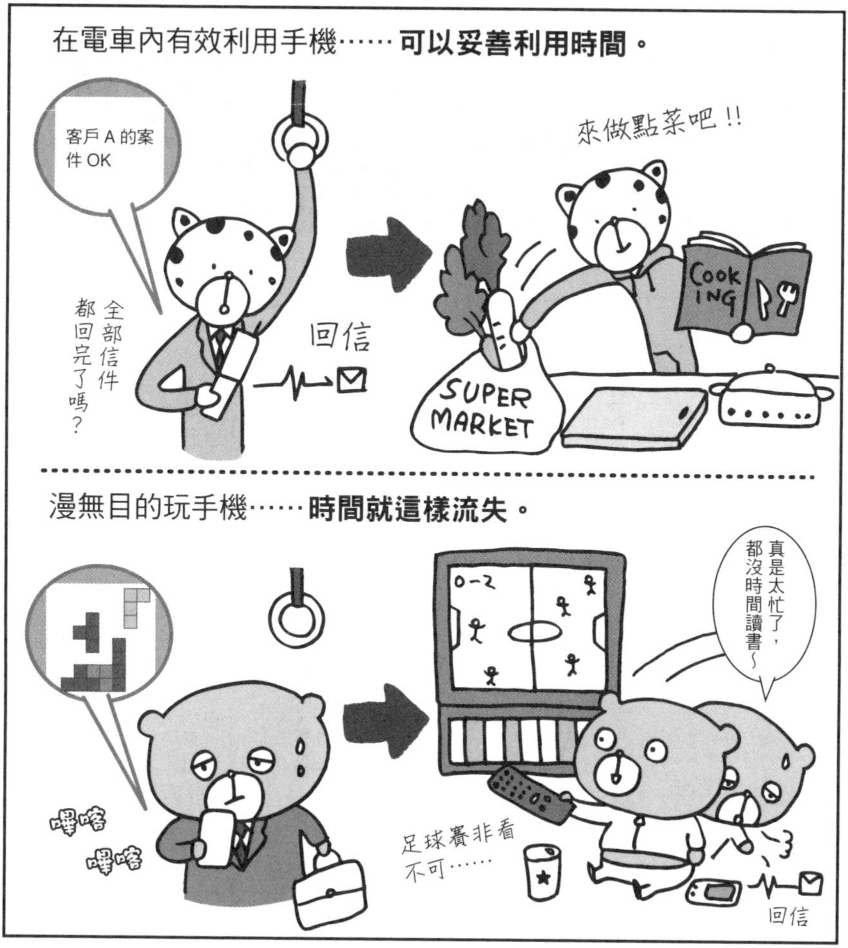
在電車內有效利用手機……**可以妥善利用時間。**
客戶 A 的案件 OK
全部信件都回完了嗎？
回信
來做點菜吧!!
SUPER MARKET
COOKING
漫無目的玩手機……**時間就這樣流失。**
0-2
嗶嗒
嗶嗒
真是太忙了，都沒時間讀書～
足球賽非看不可……
回信

別忘了有效運用通勤時間 !!

一不留神就衝動購買……

隨意在街上漫步，忽然發現喜歡的品牌正在打三折?!

這種價格，不買太可惜了！幫我把這個包起來！

……就這樣衝動購買，之後不會覺得後悔嗎？

各家廠商為了吸引消費者注意，費盡心思製作宣傳廣告、製作精美的包裝；再加上季節性的促銷折扣，我很能明白你想趁機採購的心情~

並不是說衝動購買一定不好，只是消費了如果又後悔，有時買了用不著的東西或不會用的東西，那就是一種浪費。

我也曾有過衝動購買的經驗，因此特別留意養成了不買多餘物品的習慣。

我的祕訣是：在結帳前先緩一緩，深呼吸，想像一下自己正在用想買的那一樣東西。只要稍微考慮：「我會在何時使用呢？」「怎麼使用它呢？」買錯東西的機率就會大幅減少，而且效果可能比預期還好。

首先，想像一下自己在買了這樣東西之後，什麼時候會開始用它。一週後、三天後、三小時後……在考慮之後，如果會用到的時間還算近，再考慮下手購買。如果三天後會用到，還有兩天考慮的時間。

想像不用花錢，而且想像的過程也很開心。

再來，想像自己會怎麼用想買的這樣東西。針對限時特價促銷的活動，這方法還滿有效的。

購買前的想像（妄想？）一樣令人開心期待，如果想像自己實際使用的情景，或是向朋友炫耀的畫面，當然也會想到可能發生的問題與麻煩。這時就可以想想你碰到的時候，該如何解決。

當你想像過實際使用的情景後，多少會變得稍微理智一點，當然也有可能會更想買。想要的東西一定有它的優缺點，如果只是考慮看看，根本花不到錢，也不會造成額外的浪費。

此外，不要自己一個人想，也可以享受跟朋友用簡訊討論的樂趣。興奮期待地討論想要的東西也不錯。

其實在下手購買前，正是最快樂的時刻。稍微花點時間想像一下，跟朋友討論過後再行動，可以充分享受其中的樂趣。就算最後沒買，還是可以體驗一下購物前的愉悅。

當你覺得「好想買喔！」的時候，請先暫緩一下。試試讓你的想像力發揮作用吧。

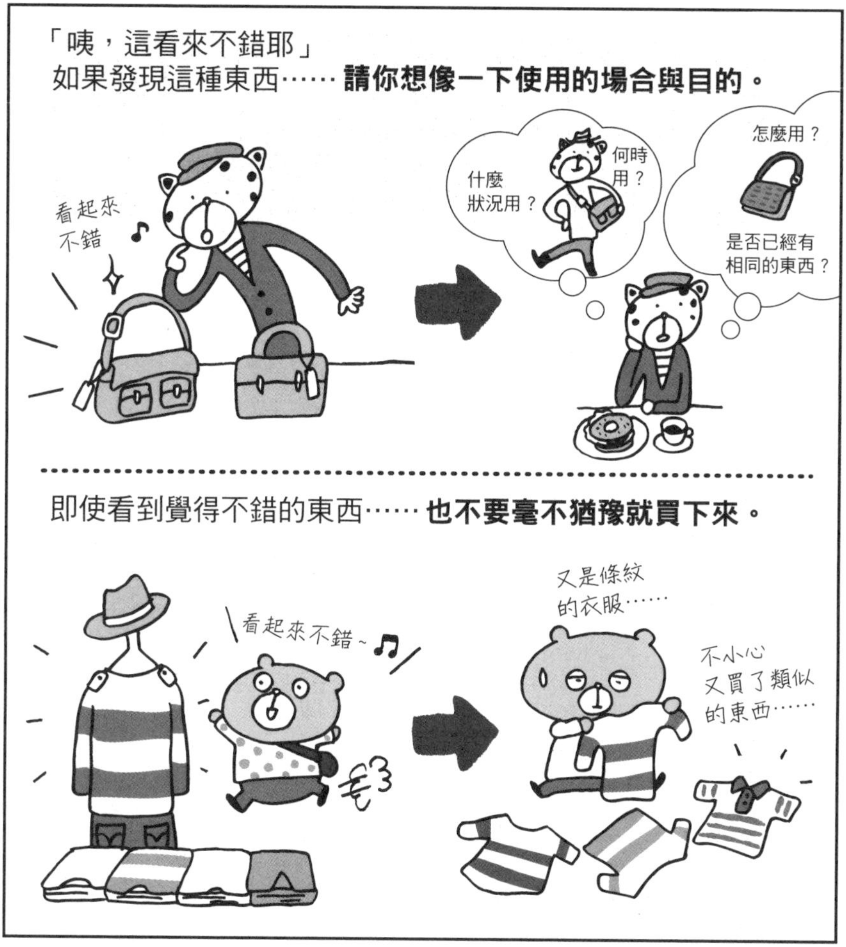
「咦，這看來不錯耶」
如果發現這種東西…… **請你想像一下使用的場合與目的。**
看起來不錯
什麼狀況用？
何時用？
怎麼用？
是否已經有相同的東西？
即使看到覺得不錯的東西…… **也不要毫不猶豫就買下來。**
看起來不錯～
又是條紋的衣服……
不小心又買了類似的東西……

在「衝動購買」前，
先深呼吸一下 !!

無意間總是到連鎖店吃飯

你是否總是在連鎖餐廳吃飯呢？

連鎖餐廳的優點是：不論開在哪裡，風格都熟悉得令人心安，而且菜單與價格好掌握，感覺很方便。

但是仔細想想，如果選擇連鎖店以外的餐廳，其實價格大概也差不多。以午餐來說，在日本最貴也不會超過日幣二千元（約台幣四、五百元左右）。

只要不是去夜總會或酒店之類會把口袋淘空的場所，不論在哪吃飯，價格大概都在一定的範圍內。

人生能享受到的食物有限。為了少付一點錢，就經常在連鎖店吃飯，會因此錯過了發現美食與新事物的機會。這樣其實非常可惜。

因此在旅行或出差時，可以多試試陌生的餐廳、品嚐沒吃過的食物。當然偶爾還是可以在連鎖店用餐，這也是一種樂趣。

但是無論如何，旅途中真的應該要挑戰新選擇，才有機會嚐到前所未見的美味。

如果到在平常熟悉的地段，我都會有固定光顧的餐館。連續去過幾次後，有時也會帶點伴手禮過去，店裡的人自然會記得你，於是就成為常客了。

譬如我到銀座就去「hyaku × amour」，新宿則是「絕好調」，澀谷的話是「遊記」炭火燒肉，這些都是我常去的特定餐廳。

為什麼要培養常去的餐廳？

因為一旦成為餐廳的常客，餐費就不單純只是消費，在無形中也成為一種投資，同

時也會帶來一些額外的驚喜。

店家會從你的每一次光顧中累積經驗，下次自然會用你喜歡的食材烹飪、調味，做出更符合你口味的菜色。

我可以想像著精心調製的「美崎特餐」，完全用我愛吃的食材，而且還以我最喜歡的方式烹調……感覺怎麼好像在說夢話（笑）。

如果有像這樣熟悉的餐廳，不論是慶祝重要的紀念日，或是帶初次見面的人光臨，都很適合，而且介紹環境跟菜色也可以成為話題。

這些都是連鎖餐廳無法提供的服務吧？

既然有機會享用美食，就儘可能好好累積經驗，創造自己的美食地圖吧。

千萬不要只養出小腹喔。

一旦成為了餐廳的熟客……**可能會有意想不到的驚喜。**
BISTRO 私房小廚
BISTRO
今天的主廚特餐是什麼呢？
這是試做的蛋糕，免費請您嚐嚐。
老是去連鎖餐廳……**感覺沒有特殊的變化。**
Bennys
漢堡
跟往常一樣，點漢堡排配大碗飯吧……
懶得想……
嗯～嗯～
完全跟平常一樣……

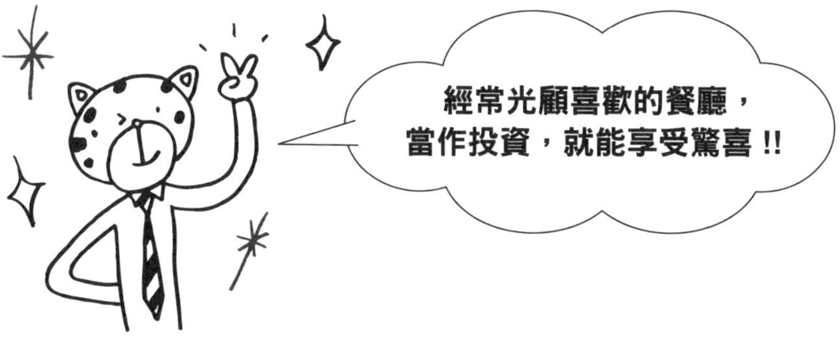
經常光顧喜歡的餐廳，當作投資，就能享受驚喜!!

動作粗魯，拿東西出氣

你是否曾經在不知不覺中粗魯地對待周遭物品呢？

譬如關門時「砰」地重重甩門，放東西時不好好放，用扔的……這些動作多半是無意識的，因此不容易改過來。

當人覺得疲倦，壓力越來越大，動作自然會變得粗魯，很難停下來，還製造出聲響。就像吵架後，甩門把自己關在房間裡是同樣的道理。

因此，一旦發現自己動作粗魯，拿東西出氣時，就要意識到「啊，我累了」或是「現在壓力很大」。這點相當重要。

如果你經常製造出噪音，那恐怕是疲勞或壓力太大的徵兆，最好重新檢視生活習慣與行事曆吧。說不定是其中哪個環節出了問題。

要是在捷運上重重把隨身物品丟下，可能是太忙亂，因焦慮而導致的舉動。如果是這樣，下次安排行程時，排得稍微鬆散一些吧？

當你不自覺用力開關辦公室的門，可能是心裡有些事想跟同事溝通，卻沒說出來。如果泡杯茶，試著跟大家好好把話說清楚，或許問題就能迎刃而解。

壓力會擴散影響到身邊的人，如果自己的壓力持續累積下去，也會影響到周遭的人們。如果眼前有個人焦躁不安，自己也會變得越來越不自在。同理，動作粗魯製造的聲響可能也會妨礙到其他人。

為了避免這樣的情形出現，請注意你身體發出的抗議訊息。如果身體累積了「說不出的壓力」而動作變得粗暴，那就要設法從根本解決問題。正因為是無形的壓力，所以你才會透過門或物品發出聲音。如果你仔細留意，就會發現許多聲音代表了不同的訊息。

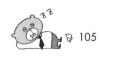

反過來看，如果是你周遭的人變得舉止粗魯，可以關心對方「你累了嗎」，譬如慰勞一下同事、在捷運上讓座等。因為壓力要是擴散開來，也會影響到你。待人友善，遲早會有善意的回應。

欸？你說其實是辦公室的門有問題，所以每次開關就發出噪音，與壓力無關嗎？不過一開門就發出聲響，也滿令人神經緊張。趕快幫門上點油，或是墊個東西看看吧。只要有人先發現，解除讓人不自在的因素，就能造福辦公室的所有人。

聽聽看，當你正在讀這本書的時候，周遭有什麼動靜嗎？

看到動作粗暴的人…… **可以試著對他親切一點**

要是拿東西出氣…… **周遭的人也會覺得煩躁**

暴飲暴食

你是否曾經想要：「想吃點不健康的食物！」

很多人都有過這樣的經驗，大腦或身體發出訊號，很想攝取像零食之類的高熱量垃圾食物。

只是偶爾吃一次，還不至於導致什麼問題，所以就痛快地吃吧！

不過，記得在暴飲暴食之前，先拍張照片，傳送給你的好朋友們。

各位！我要大吃特吃囉！

（附加照片：超大炸豬排）

運氣好的話，說不定吃到一半就有人回覆了。暴飲暴食多半發生在獨自一個人的情況下，因此要先把照片寄出去。在吃的過程中如果收到回信，就會中斷用餐，開始收信與回傳。儘管這樣的用餐習慣其實不太好，但是對阻止自己暴食反而有幫助。

這樣一來，暴食的量就會減少。通常飲食過量都是因為一口氣吃不停，獨自吃飯的時候更容易發生，因此要設法製造停頓的機會。

很多人使用的推特（Twitter）或臉書也可以派上用場，我常上傳食物的照片到推特上，有時是美食情報，不然就是準備大吃一頓前的照片。

如果太常上傳大吃大喝的照片，周遭的朋友會開始擔心。即使是一個人用餐，也會承受來自各方的關注。所以偶爾可以放縱一下自己，但記得一定要先拍照上傳到社群網路上。

當你特別想吃不健康的食物時，表示壓力與疲勞已累積到相當程度。所以應該要設法消除壓力來源。

我們可以試著將卡路里換算成壓力指數。先大略估算食物的熱量，零頭不算，不滿一百卡的部分採無條件進位，譬如二百九十卡，就想成三百單位的壓力吧。

咦？你今晚的壓力指數有二千嗎？那壓力真的有點大呢，如果只是偶爾的話還好，如果每天都這樣大吃就不太妙了，這時就要注意，可別養成習慣。

如果暴飲暴食的根源是為了尋求發洩，那麼就試試其他的紓壓方法吧。

譬如做些簡單的運動出點汗，或是試試按摩或水療，以達到放鬆的目的。不然就是去遊樂場乘坐可以驚聲尖叫的雲霄飛車，女性還可以去美容院或做指甲的沙龍，藉此轉換心情。

萬一因為暴食變胖，會增加更多壓力。如果被人嫌棄說太胖，心情恐怕會更苦悶吧（苦笑）。

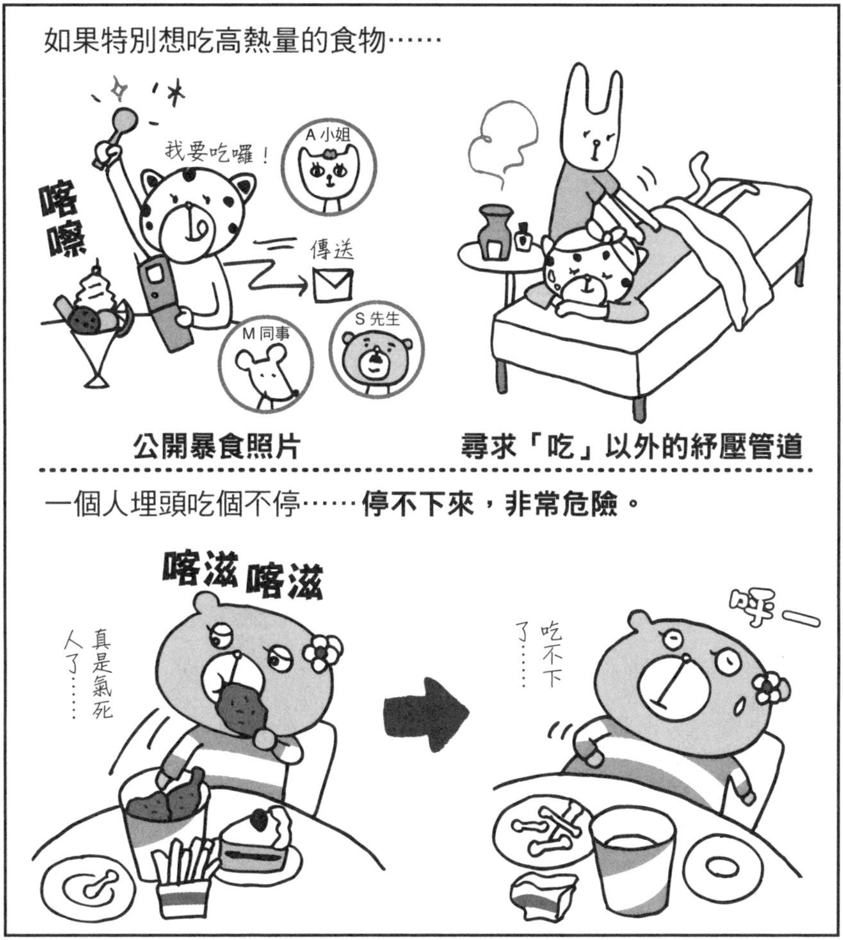
如果特別想吃高熱量的食物……
喀嚓
我要吃囉！
A 小姐
傳送
M 同事
S 先生
公開暴食照片
尋求「吃」以外的紓壓管道
一個人埋頭吃個不停……停不下來，非常危險。
喀滋喀滋
真是氣死人了……
吃不下了……
呼—

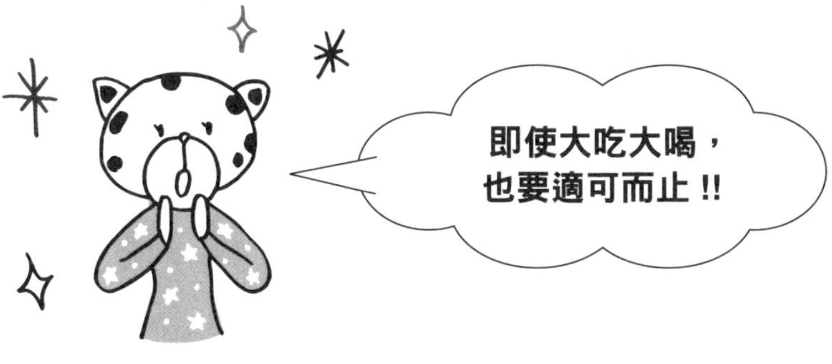
即使大吃大喝，
也要適可而止 !!

容易忘東忘西

「啊……竟然沒帶！」

你是不是也會習慣性忘東西呢？那是因為你只在腦海中反覆確認，所以會出錯。因此千萬不要太相信自己，別依賴記憶力。

想要預防健忘，最簡單的方法就是把清單列出來。

還記得小時候，學校會發「遠足準備事項」，上面印好必備的物品清單，然後就照著逐一檢查：「手帕帶了、塑膠袋也準備好了……啊，還差雨衣！」原理其實完全相同。

我通常會準備寫清單用的小冊子，大約小型多孔活頁夾的大小就行。例如「名古屋出差」、「築地早餐會」、「祕密學校」等，依照不同主題分頁記載。用活頁的原因，是可以把未完成的部分放在最前面，能夠自由調整很方便。

寫清單難道不能用廣告傳單的背面來寫嗎？不對不對，用活頁筆記本是有原因的。

譬如我主辦的「築地早餐會」，每月會舉行數次，需要的東西大概都差不多。所以只要寫一次，就可以重覆利用。照著現成的清單檢查，完全不需要思考，既快速又方便。

當然，有時候也要追加一些東西。那時再列出補充的項目，更新清單就好。

如果連確認清單都忘了呢？哎呀，那還真麻煩（笑）。首先，我建議你先養成「確認事項」的習慣。譬如從每天早上「起床→洗臉→換衣服→檢查清單……」開始。

對於不擅長自行檢視的人，我推薦手機的「提醒功能」，只要設定「待辦事項」與「提醒時間」，時刻一到，就會傳信件通知你該做什麼事情。各家業者都有提供免費服務，大家可以上網查詢。

除了列清單之外，我也建議大家先準備好「整組必備品」。

小時候，鉛筆盒裡會有鉛筆、橡皮擦、圓規這樣的組合；同樣的，現在還是可以把東西一起準備齊全。我個人就有一套「演講用工具」，包括MacBook Air、電源插頭、連接投影機的線，都裝在一個小提包裡。

如果是筆電以外的小東西，裝在百圓商店賣的夾鏈袋裡應該就夠了。

出差要帶的衣服，就直接裝在乾淨的洗衣袋裡。只要先準備好成套的衣服，到了飯店，就可以把換下來的衣服裝好直接拿去送洗，非常方便。

與其認真思考，深怕自己忘記，不如準備好完全不用多想的方法。小時候適用的方法，長大以後仍可以善加運用。

嗯？感覺我好像沒有太大的成長呀（苦笑）。

為了防備「哎呀，竟然忘了」的尷尬場面……
OK!
7/20
名詞
筆記本
手提電腦
契約書
or
萬用手冊
名片
OO公司
獵豹
會談記錄
NOTE
資料
可利用活頁記事本列清單
準備好專門的「文件組」
如果只靠記憶力……**可能會失誤。**
明天千萬一定要記得帶資料……
啊!!
相關的資料……
沒帶!

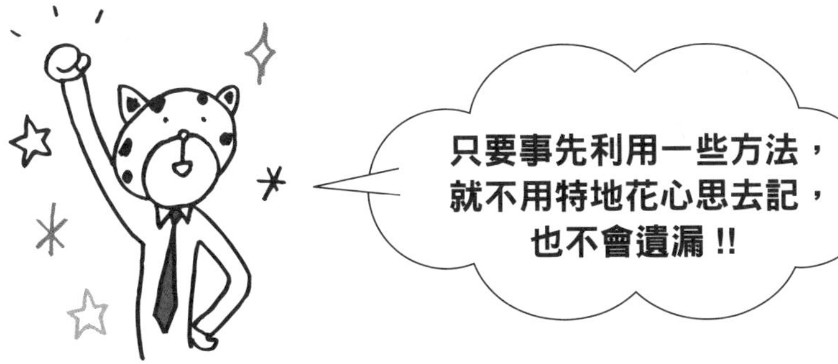
只要事先利用一些方法，
就不用特地花心思去記，
也不會遺漏!!

拖太晚才睡，隔天常遲到

有種壞習慣是：總要熬到最後一刻才睡……

其實我也是在剛好可以睡飽的時候，才上床睡覺。

像我今天在清晨四點起床，似乎很早呀？但我昨晚十點就睡著了。對我而言，充足的睡眠時間大約是六小時，所以剛剛好。

早上四點就醒來，是為了工作。大清早頭腦最清醒，工作效率佳，我正是為了專心寫這本書而早起。昨晚臨睡前，就下定決心：「明早要寫書！」

咦？你是說，這跟你原先想的「剛好最後一刻」不一樣？

我明白了，你是根據出門的時間反推，在剛好能睡飽的時刻才去睡。可是難道你都不會賴床，稍微晚起嗎？早上起床很痛苦，即使想提早十分鐘醒來，也不見得爬得起來。

對於我們每個人而言，「在該起床的時候，就展開新的一天」是非常重要的事情。

當然，想要「啪」一下就起床很難，真正醒過來很難。

但你想想看，是不是也有過順利早起的經驗？譬如小時候參加遠足，當天一大早就醒來了？或是進公司的第一天、以及畢業典禮的時候？

只要是自己喜歡或想做的事情、重要的事情，就能早起。也就是在前一天晚上要有隔天早起的決心。

早起的祕訣，就是第二天早上要有「值得期待的事情」。

譬如剛買了新東西，晚上可以先不要拆封，「等到明天早上再看」。像新的家電、手機、衣服、生活雜貨、化妝品等，即使很想拆開來馬上用，但千萬要忍住。

如果平常都是早上六點起床，為了預留「拆封的時間」、「賞玩的時間」，就要提早醒來。如果需要一個小時，那就在五點起床。但是睡眠不足有害健康，所以也要比平常提早一小時就寢。

常見的情形是：晚上興高采烈地拆封，因為玩得很開心，耽誤了上床睡覺的時間，第二天早上爬不起來。這是很正常的狀況，因為前一晚已經體驗過新鮮感，醒來後就是要乖乖去上班上學，完全不能浪費一點時間。如果醒來可以繼續賞玩，或許還能早起吧。

其實早上也可以讀喜歡的雜誌，或瀏覽朋友的來信，每天早上準備一些給自己的驚喜或樂趣，就會發現起床比想像中容易。

早上醒來的時候，想到「有禮物」，應該會覺得比較開心，想早點下床活動吧？就像小時候，在聖誕節早晨醒來的心情。

為了在恰當的時刻醒來……**就要為早起先做準備。**

如果只從出門時間反推……**早上會很匆忙又痛苦。**

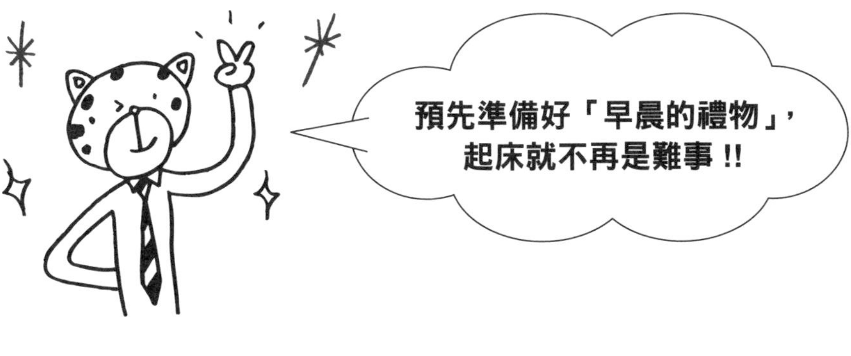

第三章

不知不覺中常犯的「人際關係」的壞習慣

No.26

不論道謝或道歉，脫口就說「不好意思」

「不好意思」實在是很好用的辭彙。

收到禮物時，可以說：「不好意思（讓你費心了）。」

不小心做了失禮的事情，趕緊說：「不好意思。」

通過狹窄的道路時，還是逢人就說：「不好意思。」

我會要求自己，儘可能不說這種泛用的話。

為什麼呢？那是因為話說出去時完全不經過大腦，也無法確切表達自己的意思。

收到喜歡的禮物，可以說「真的非常感謝」來表達謝意。

冒犯對方時，應該說：「對不起」或「實在很抱歉。」

想要穿越狹路時，就說：「借過一下，謝謝。」

如果道謝跟道歉時，說的話竟然完全一樣……難道不會有「一成不變」的感覺嗎？

想要傳達內心感受時，應該視情形選擇適當的辭彙。如果碰到什麼情況都說「不好意思」，感覺有點機械化。**如此一來，不但無法真正表達自己的意思，也會養成懶得思考的習慣。**

請將你習慣脫口而出的「不好意思」先封鎖停用吧。這樣一來，你就不得不轉而思考其他表達方式。

一旦腦中的辭彙增加，表達方式會變得更豐富，也能鍛鍊自己用字遣詞的能力。

就同樣的出發點，另一個濫用的慣用語是「加油！」

繼「不好意思」之後，這個詞也請停用。

想要鼓勵別人時，通常我們會說：「加油！」

但實際上真正要努力的人是對方，我們卻只是要別人好好努力嗎？
所以，光說「加油！」多少有點不負責任。

如果想要鼓勵對方，我們可以換一種表達方式。
從慣用的「我們都要好好加油」，改成「各自努力吧！」

只要留意不要慣用某幾個說法，就不會老是重覆講一樣的話。
改掉像口頭禪一樣的語句，試試別種說法，更能向對方表達道歉或感謝的心意。

我也要在此，誠心誠意地向購買這本書的讀者說聲：「真的非常感謝您！」

依狀況選擇適當的說法，可培養應變能力。
謝謝！
感謝的時候……
真的非常抱歉。
道歉的時候……
借過一下，謝謝。
走路的時候……
不管遇到什麼狀況都說「不好意思」，會越來越拙於言辭。
不管怎樣都……
不好意思
不好意思
不好意思
你要跟我交往嗎？
?!
不好意思？
欸？
好開心♥
不好意思♪

先戒掉說「不好意思」
的習慣吧!!

回信辭不達意……

NO.27

想要好好回覆長信，真的不太容易。

如果簡短回覆，感覺好像有點失禮。可是一收到長信就同樣也回覆長長的一封信，最後恐怕都可以集結成書了。如果有人真的做到了，可別忘了寄一本給我（笑）。

姑且略過玩笑不談（雖然有一部分是認真的），收到信件時，禮貌上一定要回，所以收到長信時，我會盡快寫封簡短但又不隨便的回信。

即使回信很簡短，還是可以表現出誠意。有幾個小祕訣如下：

①以「原來如此！」為開頭

只要加上「原來如此！」這四個字，就表示已經讀過對方的來信。比起「我已拜讀來函」、「您說的真的相當有趣」簡短許多。以現在的科技，只要在手機或電腦上打出「原」或「原來」，說不定自動選字就會跑出「如此」呢（笑）。

②加上感嘆詞

只要加上「哎呀」「喔」「真的啊」「哇」這類感嘆詞，就可以造成語氣的短暫停頓，形成節奏感，也帶有修飾語句的作用。

「真令人驚訝」→「哎呀，真令人驚訝」

「感謝您提供意見」→「真的！感謝您提供意見」

「原來是這樣」→「哇！原來是這樣」

給人的印象是不是改變了呢？喔？原來如此！

③模仿「寫得不錯」的句子

另一個訣竅是：看到簡潔的辭句就記下來，自己也用看看。譬如「嗯嗯」就是個例子。

回到原先的主題，過於直率的信件讓人覺得只是就事論事，好像沒有完全讀懂對方的來信，容易給人溝通失敗的印象。因此，可以選擇簡短又感覺較親切的字句，稍加修飾一下。

因為時間有限，如果使用簡短的字句，打字也比較省時省力。**與其費心思考很有禮貌或客氣迂迴的說法，不如選擇讓人看了舒服的短句。**

說到最不得體的，恐怕是完全不回信。與其花時間煩惱到底要寫什麼，不如先以簡單的訊息回覆。

當然，這些技巧是針對寫給朋友或同事的信件。如果要寫信給客戶或上司，還是遵照正式書信禮儀比較好。

收到長信……記得用簡單明瞭的句子回信。
之前……真的非常感謝………
目前沒有時間詳細回覆……
原來如此！感謝你提供資訊！
傳送！
收到長信……一直煩惱，不知如何回覆。
之前……真的非常感謝………
要怎麼回呢……
3天後……
嗯……

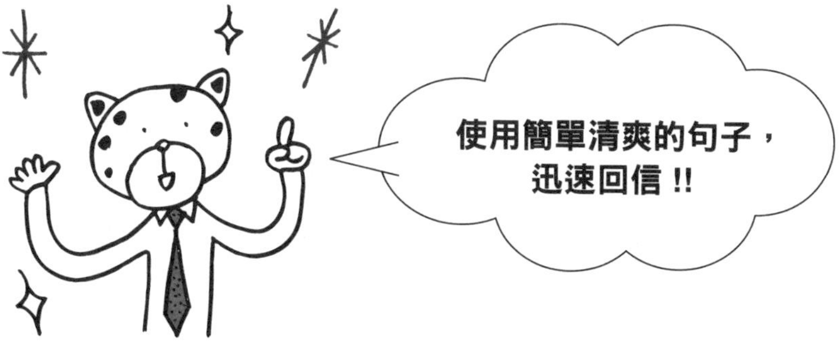
使用簡單清爽的句子，
迅速回信!!

感謝遲遲說不出口

「真謝謝你！」

表達出感謝的心意，明明會比較開心，但為什麼有時總覺得難以開口呢？

對於想道謝的人來說，找到適當的時機並不容易。正高興的時候說出口，好像有點不好意思；但隔一段時間之後，又因為太忙而錯過機會。儘管心裡想著：明天要好好道謝，然而不知不覺一個禮拜就過去了……這種情形相當常見。

在這段期間，當事人並不是忘了，或許還一直在意著沒去道謝。心存感激但「感謝」就是說不出口，時間過得很快，最後演變成「現在才講好像怪怪的……」。拖得越久，就愈來愈難將謝意說出口。

其實對於被感謝的人而言，無論何時都會覺得開心。不管對方用什麼方式表達謝意，都會因為得到回饋而高興。所以既然要表達感恩的心情，任何時刻都是適當的時機。

話雖如此，道謝並不是隨時都能自然表現出來的，即使知道對方應該會高興，還是會有點退縮。

所以，試試看訂一個「感謝紀念日」吧。

就像母親節會對媽媽說：「謝謝您，辛苦了」，敬老日要對爺爺奶奶說些感謝的話，同理，你可以自訂特別的「感謝日」。

譬如自己的生日、對方的生日，或是每個月月底、每月十五號也可以。就在你決定的感謝日，好好說出心底的感謝。

「之前一直沒提，謝謝你上次送的禮物。」

「感謝您送我這麼好的書。」

「真是愉快的聚會，多謝你邀我參加。」

如果把心底的感謝表達出來，雙方都會覺得很快樂。

你知道嗎？今天也是我的感謝日喔。

「雖然這本書的內容才到一半，但我想對正在讀這本書的你，也說聲『謝謝』！」

對於幫助過自己的人，可以藉由「感謝日」表達心意。

每月15號是我的感謝日
謝謝你幫助我！！
這是出差帶回來的禮物，請不要客氣！

不好意思說謝謝，無法表示自己的感受。

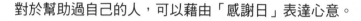

欸……我是想……
磨蹭
磨蹭

即使覺得時機錯過，
還是要表達謝意!!

No.29 捨不得分享朋友

一般人面對人際關係，很容易產生獨佔朋友的傾向。

如果認識不錯的朋友，請不要一個人獨享，請多介紹給其他人認識吧。這樣一來，不論你自己或你的朋友，才會獲得真正的成長。

舉例來說，我曾受邀在廣播節目擔任來賓，因此認識演員別所哲也[1]，之後變成朋友。後來我也請別所到「築地早餐會」當特別來賓，我們在築地的壽司店聚集了約三十位同好，現場的朋友都能直接跟他對話。

其實我也可以單獨介紹朋友給他，但我反而不想這麼做。你知道為什麼嗎？

當我剛認識別所先生時，感受到他對電影的熱忱。他在廣播節目中反應迅速，也很能接納別人的意見，這些特質讓我印象非常深刻。如果只有我跟他比較熟，大家無法察覺他的優點，也看不到他在電視與廣播節目以外的另一面。我希望其他人也瞭解這位優秀的演員，因此想幫他多介紹些朋友。

「築地早餐會」是為了介紹「我覺得不錯」的人或書籍而召開。宗旨與營利無關，自始至終都以分享為目的。如果我介紹別所先生跟三十位朋友認識，他就有機會認識「一般上班族」等平常接觸不到的族群，增廣人脈。

我如果獨佔這個朋友，對他不會有什麼幫助。但在三十位新朋友當中，如果有人能促成新的合作機會，那不是很令人期待嗎？

註1：日本中生代演員，曾演出《魔女的條件》、《天生妙手》等劇。

無論如何，都不應該把朋友當成自己的私有財產。對方也有自己的想法，一定會覺得窒息而千方百計設法逃走。

就算真的把朋友牢牢抓緊，也會讓彼此的人際關係日漸狹隘，無法衍生出新的互動。

相反地，藉由介紹朋友，可擴展雙方的人際關係。由於不同的人互相交流，自然會產生新機會，如此一來對你自己也有好處。能夠擴大交友圈，不是很好嗎？交朋友的用意，就是為了增廣見聞。

如果知道不錯的人或資訊，請記得介紹出去。你的人生會增添許多樂趣。

首先，就從你旁邊的人開始分享訊息吧。

如果認識不錯的人……**轉而幫他介紹。**
你好，我是OO!!
初次見面請多指教
這個人似乎不錯~
OO先生
你好！
如果認識不錯的人……**儘量不要藏私。**
你好，我是OO!!
初次見面，請多指教！
這個人似乎不錯~
人家可是很忙的……
這樣啊……
好可惜……

分享朋友也會為你帶來好處!!

習慣以公司名稱介紹自己

你是否經常以公司的名稱介紹自己呢？

如果這樣，你就不能脫離「○○公司的某某」的身分了。在現在這個時代，萬一公司倒閉了，你要如何介紹自己呢？即使離開公司，你還是必須生存下去，所以有必要適度地打造個人品牌。

打造個人品牌，最簡單的方法就是「找出自己擅長的領域」。

記得小時候，不論做什麼事都無法持之以恆，所以我沒有專長。如果只是做到派得上用場的程度，倒沒什麼問題，但因為對這些事情缺乏興趣，都無法變成特別的才能。如果被問到：「你對什麼最拿手？」我常會覺得很困惑，不知該如何回答。

不過最近除了上班，還能抽空寫這本書，所以好像有些比較得意的事情了。譬如筆記術、自我行銷的方法等。

現在我可以確定，**人的專長必須以興趣為基礎**，如果你一直研究自己喜歡的東西，那就會變成你的長才。

不論多微不足道的事都沒關係，只要好好堅持你的興趣。

譬如像成為棒球界的頂尖選手、精通會計的各項知識等……這些專業技能你都不需要。

你可能對占星感興趣、對文具感興趣，或者很愛貓。總有什麼是你真正喜歡的。請將興趣變成「自己得意的領域」。

譬如非常喜歡魚的「魚類達人」，現在變成了大學教授。我的朋友齊藤正明先生非常喜歡昆蟲，先在網誌上發表昆蟲專欄，並且還集結成書。不論研究魚或蟲，只要能追根究柢，都很厲害。先不要管有沒有用，自己要覺得喜歡，才是最重要的。

像我喜歡「新奇的東西」，所以會購買各種新產品。不過高價位的東西需要相當的財力，所以我喜歡買文具。如果買很多新衣服，可能要花上幾萬元，但即使買了很多文具也只要幾百塊。對於資金不是很雄厚的我而言，這是個養得起的嗜好，而且還可以冠冕堂皇地說：工作上用得到（笑）。

持之以恆的結果，我寫了本關於筆記術的書。從原先單純「喜歡文具」開始，最後漸漸變成我的「強項」。

你應該也有不知不覺持續做的「喜好」吧。每天吃拉麵，最後就變成很厲害的拉麵通。要是喜歡買東西，或許可以試著畫購物地圖。

千萬不要覺得自己的嗜好不值得一提，只要堅持下去，就會變成專長，展現屬於你的特色。**不論要培養自己的長才，或是打造個人品牌，都從「興趣」開始。**

別在意他人的眼光，繼續自己喜歡的事吧。

藉由嗜好，創造自己的價值。
咻
釣魚？
我喜歡的是……
蒐集文具？

公司的頭銜不一定長久適用。
〇〇公司
沒什麼啦……
哇喔
小熊 〇〇公司
唉……
〇〇公司
沒聽過…
這誰？
小熊

捨棄
公司的光環吧!!

覺得打招呼很麻煩

打招呼其實並不容易，尤其是自己想採取主動的時候。可是人際關係都是從打招呼開始建立的。應該不會有人覺得，乾脆不打招呼比較好吧（笑）。

明知道「打招呼很重要」，但有時還滿難實踐的。

其實我也不太擅長打招呼，有時常錯過機會。原因是別人正全神貫注打電腦，或是正在做別的事情，我擔心會打擾到人家。並不是對方難以接近，而是自己要先發聲，好像有點困難。

這種時候，我們可參考田島弓子所寫的《A+主管創造業績、解決職場問題的58個實用技巧》。啊——太好了，找到答案了（笑）。

田島弓子的建議是：**將打招呼當成例行工作之一**，列入每日待辦事項的清單中。原來如此，就當作是完成一件工作，用這樣的心態來打招呼。

假設在今天的待辦事項中，包含了打招呼這件事。這樣想，會不會覺得打招呼變得比較容易呢？

就算對方沒有回應也沒有關係，因為只是例行工作而已。就像檢查門關了沒，「完成」、電燈關了沒，「完成」，打招呼了沒，「完成」……不過就像這樣罷了。

如果過於在意對方的反應，自己會變得綁手綁腳，不知道如何開口。不需要把結果太放在心上，這樣才能拉近彼此的距離。

要把打招呼當成一種反射性的習慣。太過小心翼翼的話，不只要擔心自己是否不該出聲，也會表達出緊張的感覺。

你只要想著：「我在完成一件每天該做的事情。」

或者你也可以想成這是個好玩的「打招呼遊戲」。我最早是在研討會聽到這個點子的，但忘記是誰提出的，無法把原發想者寫出來，真的非常抱歉。

想像這是個競賽。在一群人中，早上最先打招呼的人，就是持槍命中的勝利者。

如果想像成遊戲，打招呼就會變得輕鬆許多。原來難以開口的原因，是因為自己太在意、太緊張的關係。只要以平常心看待，打招呼其實一點都不難。

原本連小孩子都會的事情，不知為何變得這麼困難。不過，你不能忽視它的重要性，因此，請繼續把打招呼列入你的待辦清單中。

即使對方沒有回應……**還是可以當成待辦事項繼續實踐。**

因為沒有任何反應，所以就放棄了……**這是自己的損失。**

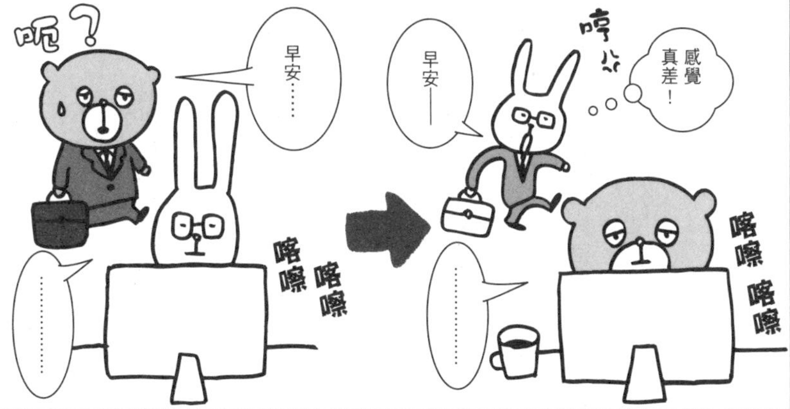

忘了見過的人名字，或認不得長相

No.32

要記得人的名字跟臉，真的不太容易。

只見過一次面，很難記得對方的長相。或是雖然記得樣子，就是想不起名字。

雖然某些人的確有認人的天賦，但是對一般人而言，恐怕需要一些技巧。

譬如對方長得有點像藝人，就利用聯想的方式，想成「長得有點像塚地武雅的川上先生」、「跟槙原敬之很像的山本先生」。因為只是為了幫助記憶，就算只是氣質有點相似也可以，反正又不是要上明星臉節目，就算只有一點點像，也沒關係。

或者是「感覺像螳螂的齊藤先生」、「看起來有點像旺仔小

饅頭的上原小姐」，利用直覺聯想，將昆蟲或零食等東西，跟本名結合。**如果想幫助記憶，加上關鍵字的話，效果就會很好**。

還有一個辦法，就是**幫大家拍團體照**。照片既可以提供給大家，也可以自己留作備忘。近年來以數位相機拍攝的團體照，畫質都相當清晰。加上設立部落格的人越來越多，大家也多半不反對成為拍攝的對象。不過，在拍照之前，最好還是先確認一下：

「請問我可以拍照嗎？」

接下來，就要自己下點功夫了。用印表機把圖檔先印出來，然後在上面註明名字。如果有拿到名片的話，趁印象深刻時，趕快做個註記。在第一次見面當天應該都還記得，但過了幾天之後，恐怕就有點想不起來了。最好要養成打鐵趁熱的習慣。

還可以把照片貼在筆記本上，補充資料後再翻拍一次；也可以存入iPhone等工具，隨身攜帶。

甚至也可以替對方畫肖像，為了捕捉對方的神韻，必須好好觀察他的特徵。就算畫得不好其實也沒有關係。

經過仔細觀察，更能加深印象。

我的習慣是：依照座位列排順序畫速寫，並加上姓名。雖然沒有規定要畫得很像，但也有教人如何畫人像的書，想要畫得好一點的人可以參考看看。

最後還有一招：用當時對方攜帶的物品來記憶。只要有明顯特徵都可以。譬如「帶紅色MOLESKINE筆記本的百合小姐」、「用動物迴紋針的憲人先生」等。這麼一來，以後在別的地方看到同樣的東西，自然就會想起來了。

如果容易忘記人的長相跟名字……
滑溜
你好！
感覺有點像雞蛋？像雞蛋的Y先生
or
喀嚓
要拍囉～
結合關鍵字
拍團體照
只依靠自己的記憶力……很容易遺忘。
○小姐
H先生
今天見到了……
啊，熊子小姐，好久不見！
呃
她是誰啊？
數週後

利用關鍵字幫助記憶，
並且留下記錄!!

不善於聆聽

每個人或多或少心理都有點自負，覺得自己比那個傢伙強，比某人厲害，可是這種心態會讓你聽不進別人的話。

雖然有些人的確專講些芝麻綠豆大的小事，也有人光是說些大家早就知道的事情。

不過，即使是這樣的人，偶爾也會說出值得一聽的話，你應該也知道吧。如果有人所說的話，竟連1％的意義都沒有，那也真是非常厲害呀（笑）。

世界上的事物多半早就存在了。如果你覺得新奇，那只是因為你先前還不知道的緣故。

世界上也不見得有那麼多厲害的人事物，如果你覺得很厲害，也只是因為你沒有見識過而已。

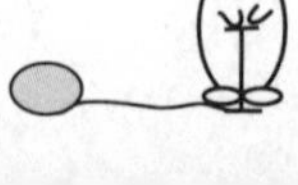

這本書也不是一本多麼偉大的書，其中有一半的內容，你應該會覺得似曾相識，好像在哪聽過。但如果你願意接受這本書的建議，就能夠建立一些好習慣。

如果每次要聽不喜歡的人訓話，覺得很煩，那就來試試這個遊戲吧。

遊戲名稱叫做「從討厭的人身上學到十件事」。

計算一下，每次學到十件事要花多少時間。

課長做決定總是很慢，那就解釋成「他很謹慎」。C先生總是藉口一大堆，那就想成「他很擅長保護自己」。你可以盡情發揮聯想力。

「原來從這個人身上，可以學到東西～」如果從這種角度思考，應該會覺得比較容易聽進去吧？如果養成習慣，不管聽到什麼樣的話，都能從中找出正面積極的意義。

這麼一來，你可以向年輕的同事學習，也能從不喜歡的上司身上學到東西。先入為主的想法過強，是造成你「無法好好聆聽」的原因。

而且，如果你真的好好聆聽，對方會覺得很高興，說不定因此帶來意外的好處。當你忽略別人的意見，別人同樣也會以冷漠回應。

如果以「誰先交待十件事」為遊戲規則，說不定新人比上司委託你的事情還要多。如果是這樣的話，與其心想「為什麼會這樣」，不如直接問清楚吧。不是說坦誠比較好嗎？

不過如果要玩這個遊戲的話，最好是自己低調在心裡默默進行就好……萬一你不小心喊出來：「這是討厭鬼的比賽嗎？」結果會怎樣，我可不負責喔（笑）。

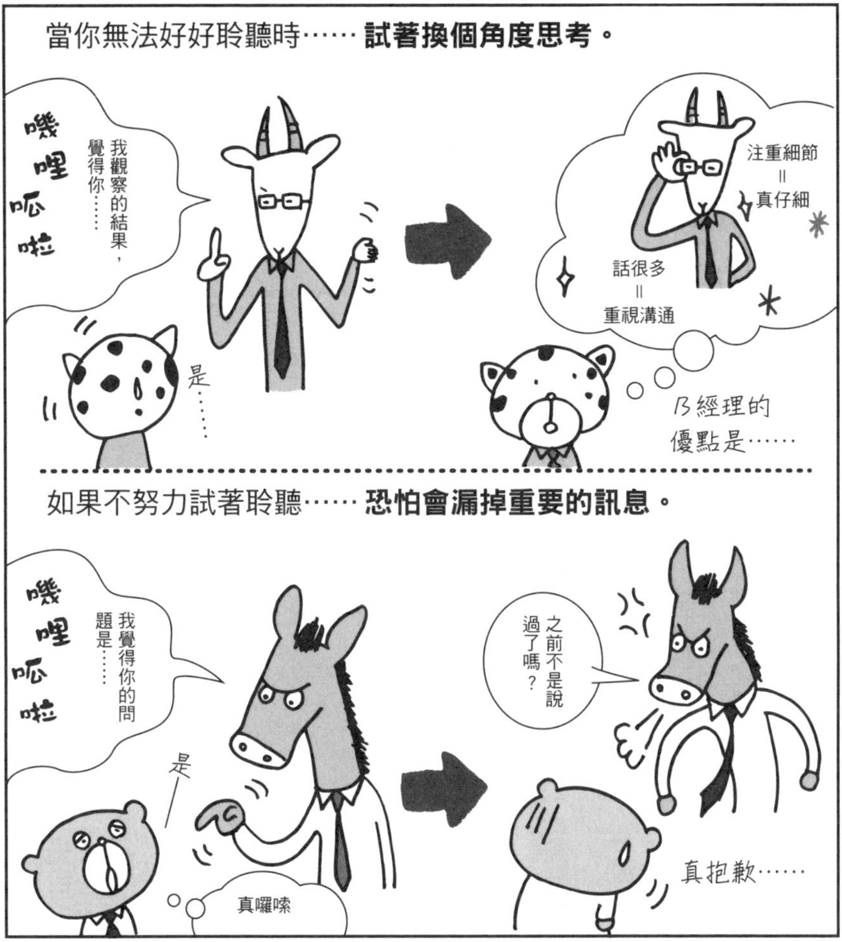

當你無法好好聆聽時…… **試著換個角度思考。**
嘰哩呱啦
我觀察的結果，覺得你……
是……
注重細節
=
真仔細
話很多
=
重視溝通
B經理的優點是……
如果不努力試著聆聽…… **恐怕會漏掉重要的訊息。**
嘰哩呱啦
我覺得你的問題是……
是
真囉嗦
之前不是說過了嗎？
真抱歉……

虛心聆聽，
你一定會因此進步!!

送禮送不到心坎裡

突然收到別人的禮物。如果收到的是自己喜歡的東西，一定很開心吧。

同理，在選擇送人的禮物時，你也會想挑選對方真正喜歡的東西，可是實在不容易。為什麼會這樣呢？多半是之前沒有記住對方的喜好。

你覺得要記住大家的喜好有點困難？那倒也是。究竟有沒有什麼好方法呢……

答案是：**平常要勤加記錄**。譬如去餐廳時，大家點了什麼。一起去餐廳吃飯時，你可以自告奮勇，主動幫大家一一記下來，然後跟服務生點菜。這時你可以記在自己的筆記本上。

川上說：「我喜歡吃咖哩。來個三串咖哩風味的炸物」。

豐田說：「阿根廷風味的炸牛排很好吃喲，我還要點紅酒！」

將這些全部記下來之後，可以邊看邊唸給店員聽。這些資料非常重要，你看，每個人喜歡的東西都在上面。

所以如果要約川上用餐，就可以去美味的咖哩餐廳；要幫豐田慶祝昇遷，可以去以阿根廷風炸牛排為主菜的餐廳。

對方不會特別記得這些細節，只是不知不覺點了自己喜歡的食物。因此點菜的記錄很有參考價值。

要是沒有機會一起去吃飯呢？可以問問別人，送過什麼東西給對方。或是從那個人手中收到過什麼禮物。

吉川小姐送過花，她應該是個愛花的人，所以就回送她花。

野上先生帶過甜點當作伴手禮，那就選甜食送給他。

小林先生送過書，所以也回送好書給他。

我會把對方送的禮物拍下來，既然「人不可能什麼都記得」，那就好好留下記錄吧。

用手機拍照很方便，還可以把照片當作附件，寫封信感謝對方，日後只要搜尋自己寄出的信件備份，很快就能找到記錄。

咦？你是說，還沒從對方那裡收過禮物嗎？那就回想看看，那個人平常最重視什麼；對方是在吃的方面比較講究、還是求知慾旺盛或喜歡旅行。還可以向對方興趣相近的朋友打聽，只要問對人，應該會得到不錯的建議。

禮物畢竟是要送給對方的，所以還是要儘可能投其所好。

如果真正瞭解對方的喜好……**可以增進人際關係。**
草莓
點心
LOVE
今天有事
約談的對象……
我們選這家吧。
Cafe
Strawberry
如果不努力試著聆聽……**恐怕會漏掉重要的訊息。**
咖啡專門店
番紅花
我們選這家吧。
好吧。
點兩杯熱咖啡
那就……來杯咖啡吧。
其實我討厭咖啡……

記得平常就要
記下對方的喜好 !!

No.35 不願意分享資訊

資訊是一種有價值的東西。

回想以前準備考試的時候，考古題或考前猜題是多麼重要；你是否曾向提供資料的朋友，或是願意出借筆記影印的優秀同學，表達感謝之意呢？我自己的同學也因此請我喝咖啡或吃一頓午餐過。

接下來，輪到你發揮的時候到了。世界上有許多免費的資訊在流傳。譬如當你瀏覽yahoo，可以免費點閱各類新聞。

雖然有許多資訊都不錯，但是現在資訊過多，不可能全部看完，所以大概也會漏掉不少訊息。

這就是個機會，當你看到有價值的資訊時，可以試著回想向同學借筆記影印的情景。

當你看到不錯的資料，會怎麼做呢？會不會捨不得告訴別人呢？

或是雖然跟你沒有直接的關係，但是對你認識的〇〇很有幫助；你會因為怕麻煩，就這樣置之不理嗎？

其實，還是不要保持沉默比較好，**我一定會跟別人分享資訊**。現在跟以前不同，傳送電子郵件或網路上的資訊，非常容易，比起以前筆記還要影印的時代輕鬆多了，既不需要買郵票，也不必付運費。

但是相形之下，重要的資訊還是有價值。

對於可能需要這個訊息的人，可以加上這句話後再寄出。

「我正好看到這個消息；說不定你已經知道了，但還是跟你說一聲。」

如果這麼做的話，別人也會跟你分享資訊。

「感謝你提供情報。那你知道另外還有這個消息嗎？」

「我已經知道這件事了。關於背後的內情，其實還有……」

如此這般，你會知道更多其他相關訊息。

大家都知道資訊的價值，只要覺得收到的訊息有幫助，多少都願意回饋。你還覺得要繼續保持沉默嗎？

我將這種情形，稱為「**稻稈富翁**」。

你知道稻稈富翁的故事嗎？「某個窮人把原先僅有的稻稈跟人交換，經過持續以物易物，最後成為大富翁。」

只要養成分享資訊的習慣，你說不定也會成為「稻稈富翁」。如果有這樣的一天，請務必記得請我吃午餐喔。

如果主動提供有用的資訊……**自然會匯集更多資訊。**

欸—
聽說A公司最近要發表新產品喲。
C製藥公司的經理，聽說只要跟人一聊起孫子，就變得很平易近人喔～
原來如此!!
傳聞B公司，接下來要上市了。

如果只想獨佔訊息……**自己也不會知道更多。**

秘
競爭對手的開發祕聞
我聽到很棒的情報囉～♪
不過說出去太可惜了，這是我的祕密
唔呼呼
……
什麼…?
……
……

只要願意分享資訊，
你也可以成為「稻稈富翁」!!

擅自給別人貼上「難相處」的標籤

世界上當然不會只有自己喜歡的人事物，所以一定會有「頻率不合的人」存在。你是否不知該如何跟這樣的人相處呢？

就像去餐廳吃飯的時候，會剩下不喜歡、不想吃的東西。真是沒辦法啊（苦笑）。如果是吃的東西，或許可以請別人幫忙解決。

其實對於「頻率不合的人」，也可以採取同樣的方法來對付。與其一開始就認定對方難以相處，極力排斥，不如找個合得來的人當作中間人。

譬如我自己討厭喝牛奶，但說不定有人很喜歡。想跟不合的人打交道，就交給跟對方合得來的人，遇到不愛喝的牛奶，或許可以試試換一種形式。

討厭牛奶的人，還是有可能喜歡燉肉？
討厭牛奶的人，或許可以接受起司？
討厭牛奶的人，說不定很愛喝優酪乳？

所以，對於你不喜歡的人，也可以試著「加工」看看。就像食物有更好吃的吃法，你也可以找出擅長跟對方相處的人，讓他扮演主廚的角色，讓那人變得比較容易接近些。

這麼一來，你就自然而然能夠接受對方了。

而且，跟「頻率不合的人」的相處時間，感覺就不會那麼漫長。
你可以計時看看，究竟花了多少時間跟對方接觸？一天或許五分鐘、十分鐘。當然，如果不得不要跟他說一整天的話那又另當別論。如果不需要花那麼多時間，那麼就想像自己在潛水，憋氣忍耐一下就好，就像捏著鼻子一口氣把牛奶喝下去一樣。

「可是真的很難啊！」如果對方真的這麼令你頭痛，那就適時鼓勵自己一下吧。給自己一點小小的獎勵，譬如買一份稍微有點貴、平常捨不得吃的點心。只要跟頻率不合的人說過話，就可以犒賞自己一下。

努力跟對方交談後，你就可以吃一個網購的熱門點心、或是排隊才能買到的知名特產，不然看自己喜歡的漫畫書也可以。

如果這樣想，說不定就沒那麼痛苦。

就算遇到難應付的人，還是可以給自己預留許多樂趣當作獎勵，這樣你就不會覺得眼前只有痛苦或困難的事情。說不定你也會發現，對方其實不難溝通。

在漫畫中，敵人有時不知不覺就變成了朋友……你希望自己是什麼樣的狀況呢？

即使是不知如何應對的人……**只要找到適當的媒介，就會變得容易相處。**
是A先生啊……
啊哈哈
就是說嘛
是啊
如果只想逃避合不來的人……**人際關係無法擴展開來。**
是B先生啊……
害怕……
快閃oooooo
啊哈哈
……
只要改變應對的模式，
就能擴展人脈!!

期待得到回報

No.37

出社會以後，為別人付出的機會自然增加。

不見得一定是送禮物，在工作上提供協助，也是其中一種方式。

既然是為了對方好，那為什麼一定要有回報呢？

這樣的想法很危險喔。

如果你想要得到報酬，那就變成在做生意了。

你給對方巧克力，所以拿到一百元。

送出糖球，於是得到價值約五十元的東西。

從經濟的角度來看，所有的東西都有價值，於是買賣就這樣成立了。

在商場上，自然會要求得到回饋，得到儘可能高於成本的利益。而商業的藝術也在於如何運籌維幄，獲得最大利潤。

如果你是在做生意的話，毫無疑問，當然可以期待回報。

但我們一開始不是在談個人的贈禮或幫助嗎？你跟對方並不是在從事商業買賣，所以期待對方回報的心態，相當危險。

請你把手放在胸前，捫心自問自己是否藏著「買賣」的企圖？

雖然我重覆說過了幾次，但還是要再次強調，**人與人之間的交情不是在做生意，所以最好不要期待得到任何回報。**

是的，不要期待任何回報。

出差時買的伴手禮，或是聖誕節送的禮物，都不是投資吧？請回想一下，應該是當時為了表達感謝的心意，所以才要送禮。

當然也會有表達感謝以外的原因，譬如應景的禮物……這在社會上相當尋常。

像這種基於禮貌所送的禮物，我從來不打算送。因為一旦送出去以後，難免會期待收到回禮。

收到這類應景禮物的人，也會覺得自己應該要回送，結果演變成邊考量價格邊挑選禮物，實在算不上什麼良性循環。

所以，為了每個人著想，我真的建議不要再送這類流於形式的禮物。

如果不把送禮放在心上，收到回禮時會很驚喜 !!
欸
我啥時送過禮物呀？
明太子
奶油
焦糖
限定品
如果總是期待回報，心裡會積壓許多不滿。
哼
哼
同事 A
溫泉
饅頭
明明收過我的伴手禮
同事 B
我不是請他喝過
咖啡嗎⋯

如果期望得到回報，
不如一開始就什麼都別送 !!

太過尊敬的稱呼反而讓人覺得有距離感

說到稱謂的用法，其實有點難度。

有些人覺得：如果是商業信函，在所有收件人名字後都註明「先生／小姐 敬啟」，應該就不會出錯吧。名字後面要是什麼都不寫，看起來會很突兀。

在自己公司內部，不必用「先生／小姐」的稱呼。除此之外，冠上「先生」或「小姐」，大致上不會出錯。

不過，還是要視狀況而定，稍微做些調整。

譬如只見過一次的人，我會使用較慎重的用法，等距離拉近之後，再改用看起來比較親切的稱呼。請看接下來的例子：

川上徹也 先生敬啟

川上徹也 先生收

感覺是否不太一樣了呢？

如果稍微熟悉一點，就是「川上先生收」。
更熟的話，取綽號或叫名字也可以，譬如叫他「徹也」。
像這樣視情形改變稱呼，可以自然表現出雙方的熟悉度與距離。
一般來說，為了表示尊重，我們也會把原先熟悉的人，冠上全名或完整的敬稱。

也有為公司名稱冠上敬稱的情形。
通常對自己公司或競爭的同業，都不加敬稱。
說來相當有趣，因為公司屬於組織團體的一種，所以有時候也會被擬人化看待。
請看下列兩個例子：

「ＡＳＡ出版社的書賣得很好耶。」

「ASA出版社他家的書，賣得好像不錯？」

前者只是在分析一件事實，後者則是將出版社擬人化，融入會話中。在文法上當然沒有這種用法，但我覺得在對話時加上這種用法無妨。

也有人在自己公司名稱加上「我們家」的說法，不過聽起來比較隨興，感覺不是很正式的用法。

即使只是在名字加上簡短的稱呼，就能達到不同的溝通效果，並區分親疏遠近等關係。

對於比較熟悉的人，有時甚至可以拖長尾音，如「川上～～～」以表示親切。

各位親愛的讀者們～～～我也期待你們的感想喔！

依狀況使用不同的稱謂，會讓人覺得熟悉。

不論什麼狀況都用一樣的稱呼，感覺有點冷淡。

第四章

不知不覺中常犯的「思考上」的壞習慣

總是找藉口

我自己的主張是：不要找藉口。即使說了很多理由，對現狀也不會有什麼幫助。除了自己不該提，也不要讓其他人找機會辯解。

譬如開會時有人遲到，千萬不要問「你為什麼遲到？」你不覺得對方的答案很容易猜嗎？

「火車誤點了」、「上個會談太晚結束」、「身體不舒服」等。不管答案是什麼，都無法改變會議延誤的事實。解釋得越多，會議就耽擱得越晚。

所以切記不要多問，以免對方開始找理由。對於遲到以外的疏忽也一樣，一旦問起原因，只會讓對方開始編故事，而且理由一定相當充足。

聽人講藉口，不是很浪費時間嗎？光是花時間聽前因後果，結果什麼事都沒做。

在這樣的情況下，應該積極地採取「那麼，我們儘快把耽誤的進度趕上，會議立刻開始！」這種作法。不要再解釋或追究失敗的原因，應該思考如何補救才對。

與其花心思找理由，不如想出解決的辦法。

找藉口其實還滿費功夫的，明明只是睡過頭，但講出來不算理由，所以還得想別的原因，像是火車誤點、家人生病等各種各樣的藉口……（補充聲明：我自己可沒做過這種事，這只是推測啦。笑）。

不過既然要動腦筋的話，不如朝能解決問題的方向去發揮。譬如先拜託同事幫忙救急，或是更改下午的預定行程，先趕上遲到時延誤的進度。

一旦意識到「啊，我現在正在想藉口」，就要提醒自己：真正該說的只有「真的非常抱歉！」至於像「因為……（藉口）……」不如改為「那麼，……（補救的方案）……」，養成這種習慣吧。

找藉口是一種消極的思考方式，只是對過去已經發生的事情，找一個比較好的解釋。

我們應該更積極地思考，接下來要如何行動，所以根本不需要多加解釋。這個原則就從自己先開始實踐。

你覺得很難做到嗎？或是看不出效果嗎？說來說去，不也是藉口（苦笑）。那麼，請翻到這篇一開始的地方，重新再讀一遍吧。

與其解釋理由……**不如想想解決方法。**
這下真的要遲到了~
放棄提案 A…
為了補救浪費的時間，必須要……
即使說了原因……**還是沒有解決問題。**
要講什麼理由呢？
其實只是睡過頭
我家養的鸚鵡忽然死了……
……。

把找藉口花費的心思，
用來解決問題 !!

心想「還有時間」於是繼續拖……

現在不做沒關係。反正離截止日期還早。

像這樣有點鬆懈的心態，其實還滿常見的。暫時不急，之後再說吧。結果最後總是慌慌張張，趕得要命。

因為覺得「隨時都可以開始」，所以目前還不想動。

如果真的隨時都可以開始，那就現在立刻開始吧。

話雖如此，實際上好像沒有想像中那麼容易。其實，我寫這本書也比預期的進度慢（汗）。

對於習慣拖延的人，有個自我激勵的辦法。

想改變拖拖拉拉的習慣，最好提前向大家宣布自己的計劃。

像我會公開說：「最近在忙著寫書，預計七月底出版」，如果聽到親友們善意的鼓勵「好期待喲」、「好好加油吧！」就會激

發自己「要好好寫稿」的鬥志。編輯在這方面可以說是高手，只要我交出一部分稿件，就會鼓勵我「寫得真好！」、「好有趣喔」。聽到這些話，我就會覺得：「嗯，應該要多寫一點。」

減肥也可以用這個方法。只要之前昭告天下說自己要開始減肥，就會有人關心詢問你：「瘦一點了沒？」祕訣就是跟大家分享你的計劃，不要默默獨自進行。

另外，**把進度的時間表列清楚，訂幾個分段驗收的時間點，效果也相當不錯。**

到幾月幾日要完成一半，到幾月幾日可完成三分之一，到幾月幾日會完成十分之一……像這樣計算之後，記在自己的行事曆或萬用手冊上。

在計劃階段會預期「這要一個月完成」、「需要半年」等，如果沒有把時間表記下來，時間一過很容易就忘了。如果把驗收時間寫在行事曆上，就可以配合期限逐步完成計劃。

準備考試時也一樣。因為不可能一口氣把整本考題做完，就以一章或十頁為單位細分，並訂立明確的日期。如果十天要讀完三十頁，平均一天的目標是三頁，像這種就是可實行的計劃。

一旦決定要做什麼，最好馬上就訂計劃，而且分出許多檢查點。最好邊參考自己的行事曆，如果原先還有其他事情，時間不夠，就要稍做調整。決定後，每個時間點一定要記在行事曆上。

像這樣，沒過多久就有一個期限接近了。如果工作的內容很少，感覺比較容易達成。

要是習慣不好，總是拖到期限快到才開始趕工，等於為自己堆起一座又一座的小山。這跟準備考試的原理，其實很相似。

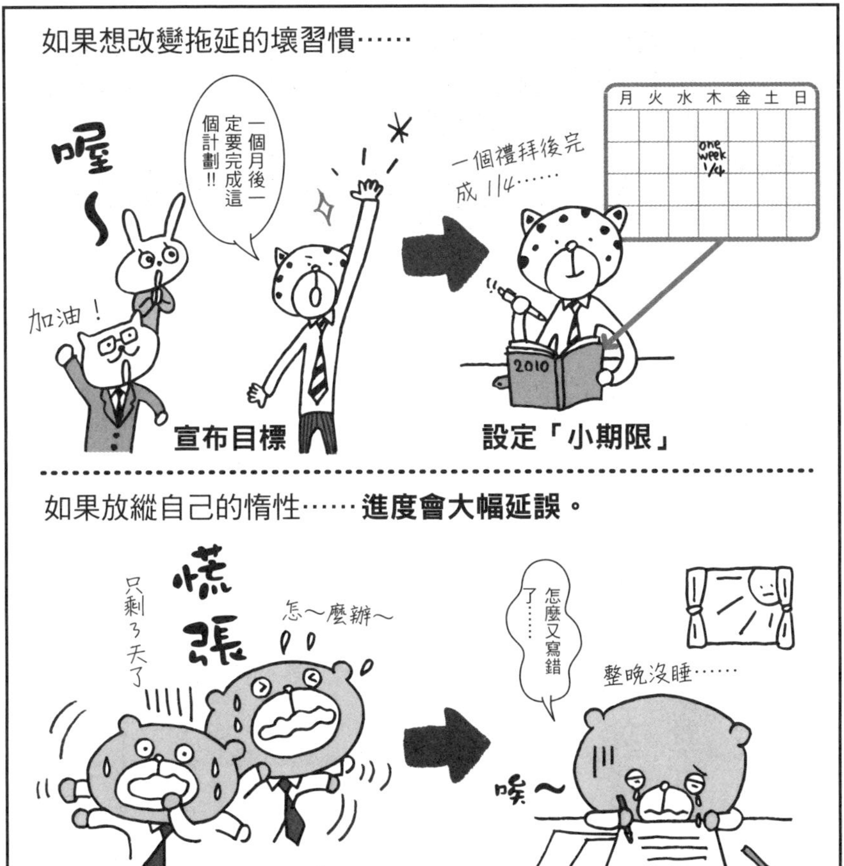

如果想改變拖延的壞習慣……
喔～
一個月後一定要完成這個計劃!!
加油！
宣布目標
一個禮拜後完成1/4……
月 火 水 木 金 土 日
one week 1/4
2010
設定「小期限」
如果放縱自己的惰性……進度會大幅延誤。
只剩3天了
慌張
怎～麼辦～
來回走
怎麼又寫錯了……
整晚沒睡……
唉～

透過許多的小目標，
就可以實現大目標!!

NO.41

缺少主見

動不動就附和別人的意見，「我也是！」「我也一樣！」雖然是種變常見的狀況，但也是個不太好的習慣。

畢竟只是依循別人的說法，雖然輕鬆，但自己幾乎沒在思考。

如果發生什麼問題或錯誤，還可以把責任推到別人身上。

其實這個問題也可以透過練習來矯正，方法並不困難。每次跟別人一起吃飯的時候，都可以當成訓練的機會。

當大家一起去吃飯時，點菜時很容易說：「我也一樣！」

譬如明明有三種套餐，選來選去竟然都是同一種。除了套餐有三種，餐廳裡的菜單其實還有更多變化。

我在用餐時有個習慣，**絕對不點跟別人重覆的菜色**。為了不隨便附和別人，所以我這樣要求自己。如果從菜單上點菜，就會發現很容易「找出不同的選擇」。

即使跟別人的選擇不同，真正要吃這頓飯的人是我，這樣做也不會招致埋怨。如果A先生點了炸豬排套餐，那我就選炸雞套餐。我們總不會為此而起爭執吧。

能夠獨立點菜之後，就要邁向下一個進階的目標。

那就是，**練習比其他人更快做出決定**。在看菜單時，要比A先生或B先生都更快說出自己要吃什麼。

這種「比別人更快做決定」需要一開始就下定決心，朝這個方向努力。之後就漸漸能比其他人更快提出想法。

因為其他人不會想到跟你比快，所以不會有對手（笑）。

起初或許會因急著做決定而點錯東西，但因為嘗試平常沒吃過的東西，說不定會點到菜單上意想不到的美食。

先從像點菜這種小地方開始，只要持之以恆，養成習慣以後，不論面對工作或重要的大事，都能靠自己迅速做出決定。

既然這是自己的人生，還是主動做決定、付諸行動比較好。

我目前為止所出的書，也跟市面上大部分的書有些不同，不知道你有沒有發現呢？這本書多少跟其他的書稍微不同。這就是我從「比別人更快點菜」的練習中得到的成果。

如果重覆別人的意見，就不會形成自己的特色。你可以先從在餐廳點菜開始，練習發表自己的意見。

別害怕，即使失敗了，頂多是吃到不好吃的食物罷了。

不論什麼情況……**都可以練習表達自己的意見。**
A套餐，飯後配咖啡
我要點每週特餐，飯後來杯柳橙汁
我想想
Menu
我要本週的義大利麵套餐，飯後選冰茶！
如果放縱自己的惰性……**就更不會用腦袋思考了。**
A套餐，飯後配咖啡
我也一樣
呆——

先在一些
失敗也無妨的場合，
練習自己做決定 !!

把過錯都怪在別人身上

因為我沒有錯，所以錯的是別人。

只要怪別人，自己就不必負責任，落得輕鬆。也不用去思考問題發生的原因，結果實際上什麼都沒有解決。

如果意識到這種狀況，我會回歸到「這是我自己造成的」。

如果遇到大雪造成車子誤點，那又是誰的錯？是天氣的錯？還是捷運系統的錯？

都不是。是我自己沒看氣象預報，沒有先想好應對的辦法。

以此類推，如果是陷入交通壅塞的狀況，要怪的不是交通不好，而是自己沒有掌握好時間，提早出門。

不論什麼問題，仔細想想，其實都有辦法靠自己解決。

請你也好好思考，想想「自己能做些什麼」。或許光是這麼做，仍無法解決問題，但與其怪罪別人，這樣的思考可能還比較

有開創性。

譬如，北極熊的棲息地日漸減少，這是由於北極的冰層減少所造成。可是我又沒有直接讓北極的冰融化，也沒去過北極。

但是我可以轉而思考「北極的冰為什麼會融化？」那是地球暖化造成的，我所能做的，就是改搭大眾交通工具、減少電的浪費，或許這樣對減緩地球暖化會有幫助。

即使不是全球規模的大事，道理也是一樣。如果約談對象遲到了，按照一般的邏輯，這是對方的錯……（笑）。

但也說不定。試想：如果你事先提供一份簡單易懂的地圖，說不定對方就不會遲到了。或是如果先問了對方的手機號碼，就可以即時連絡。或是先要對方的電話，就能提醒會面的時間。

把過錯推給別人，很順理成章。我能理解這種想法，但是這樣並不能解決問題，只是在等對方解決問題而已。

如果對方沒有想辦法解決問題，那麼問題只會一直擱置下去。

如果有人經常遲到，與其老是等待這個人改變，不如一起思考有什麼辦法改變現狀，這樣恐怕比較能早點解決問題。

儘管這麼說，有時還是不免會怪罪別人。如果這本書讀起來好像不怎麼有趣，那就是讀者的問題……開玩笑的（笑）。

應該是我自已寫作能力不足啦。

把問題想成自己份內的責任……**就能減少再次失敗的可能性。**

如果把問題都推給別人……**只會一直重覆失敗，自己也不會成長。**

NO.43 關於將來想得過多，深陷不安的情緒

有不少人愛操心，我自己以前也是。上課時如果鉛筆掉到地上，就會覺得：「糟了，今天的運氣可能不太好，怎麼辦……」。要是橡皮擦掉了，也會擔心：「哇！難道今天有什麼壞事要發生了！」現在回想起來簡直不可思議，但以前的確常往壞處想。

你一定覺得很好笑吧。鉛筆也好，橡皮擦也好，它們就算掉到地上，跟我的命運也毫無關聯。但是對於習慣操心的人，這些小事就夠讓人煩惱的了。

容易操心的人，一旦開始煩惱就停不下來。那個也要擔心，這個也要擔心，什麼事都要擔心。

你所擔心的事情，只存在於現實以外的未來。雖然要怎麼想

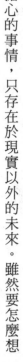

像，是個人的自由，但如果因為想像給自己徒增許多壓力，那還是趕快停下來吧。

譬如想像情人提出分手……然後覺得很沮喪。或是擔心被裁員，因此驚慌失措。這些實在都沒什麼意義。不如等到事實發生後，再去承受壓力吧。

想像現實中還沒有發生的事情，自尋煩惱，這樣到底有什麼意義呢？

我們實在沒有必要為想像而困擾。舉例來說，這跟憂慮「天上有雷神，他一發怒就非常可怕……」的層次大概差不多。

既然只是腦中的一種想像，就不要讓想像過度延伸。請丟掉這個習慣吧。

首先，試著把你的憂慮寫出來，然後評估它發生的可能性。接下來，試著寫下解決方法。這麼一來，你會意外發現：原來這些問題都有辦法解決，而且發生的機率也不高。如果你還是擔心，可以問問周遭的人，或許可能性比你想得還要低。

為了避免將來發生的危機，先做準備非常重要，但擔心卻是毫無意義的。

閃電打雷並不是因為雷神發怒，而是因為雲層間產生的電釋放出來，被擊中很危險。所以要避免接觸金屬、或是儘量不要停留在高處。與其為小孩配戴護身符，不如教導他們「下雷雨時最好穿雨衣，不要帶雨傘」這類對策。

你一定明白，雷神不會真的出現吧。但你擔心的許多事情，其實都跟「雷神發怒」的道理相通。

「可是雷神是雷神，我想見的是自己的偶像呀」……啊，那就不是想像的煩惱，而是妄想了（笑）。

試著寫出令你擔心的事情……**會意外發現許多解決方法。**
嗯
現在擔心
的問題
・老年的生活
・裁員
對於老年的生活……
作好儲蓄計劃
對於裁員的問題……
業績
職稱
充實技能，
為轉職做準備！
如果一直擔心各種問題……**會累積巨大的壓力。**
被開除
怎麼辦…
失戀
嗚
……
壓力

也可以參考
別人的意見!!

習慣跟人比較

很多熱心教育的媽媽，經常愛跟人比較，像是「那孩子數學不錯」、「不過，我們家小孩的記憶力也蠻好」。

想跟他人比較的原因，在於求心安。比較之後，究竟是跟別人一樣呢，還是更好呢，藉著透過他人尋求安心的指標。

但儘管比較過，還是沒有太大意義。為什麼呢？因為只要環境或時間一改變，比較的對象也完全不同。就像以前的數學成績比某同學好；但是強中自有強中手，就算那時比某個人好，也不能代表什麼。

自己只不過是想確認仍佔優勢，為了求心安而跟人比較。如果真是如此，請不要拿別人當作假想敵，應該以過去的自己，作為比較對象。

也就是在做一件事時，**相對比較自己的過去表現就好**。根本不需要以他人為目標，而且所謂的相對比較並不難，只是跟過去的自己衡量而已。

跟過去的自己相比，應該比較容易吧。譬如現在的工作是否比以前好、現在能不能花較少的時間完成工作、自己是否比過去更用心等。

如果比過去的自己稍微進步，表示有所成長，就可以放心了。

如果跟以前的自己差不多，證實沒有退步，也請不必擔心。

不過，如果你是不論如何都要跟別人較量的人，那就遵照自己的戰鬥本能吧。這跟尋求安全感的類型完全不同，只要一跟人競爭，鬥志就雄雄燃燒起來。對於好勝類型的人，**我建議以兩種指標來決勝負**。所以要跟人比較時，就不純粹只是跟人較勁，別忘了「以不同標準決勝負」。

首先決定要以哪種標準來比較。如果是商品的話，通常會考慮價格跟品質，就以這兩者為軸線來決勝負。

除了跟對手的強項比較，同時也要跟對方的弱點比較，這樣就可以知道自己跟對方相比，是否佔有優勢。

以單一標準競爭很激烈，但以兩條軸線相比，更容易發覺兩者的差別。

就以這本書為例，如果要跟其他類似的書籍比較，其中一條軸線是漸漸改變壞習慣，而另外一條軸線是什麼，你發現了嗎？

就是能讓人輕鬆反覆閱讀的文章跟插圖。

所以表面上看起來和平共存的書，其實也是充滿競爭跟比較的呢。

與其跟人比較，不如……
新人時期
我的技能有進步嗎？
熱情呢？
C 先生
比較有魄力
但我比較細心！
or
跟「過去的自己」比較
以不同標準決勝負 !!
即使跟其他人相比……如果沒有繼續努力，根本沒有意義。
比我帥
M 先生
比我笨拙
K 君
呵～
反正我比 K 君強……
可以啦～～

跟「過去的自己」
比較吧 !!

說別人的壞話

你身邊是否有人常說別人的壞話？

你喜歡這樣的人，還是討厭這樣的人？

遇到這個人時，你的心情會變好，還是變壞？

答案應該可想而知吧。

不過，無論如何，總有想抱怨的時候。

當你忍不住想說別人壞話的時候，表示自己的壓力已經累積到一個程度，這是個警訊。

隨著壓力逐漸累積，「壞話」也脫口而出，但是說壞話無法減輕壓力。

而且，說壞話既不能改變對方，自己也不會有任何轉變。

明明知道毫無建設性，但是只要壓力太大，無心之言很容易就說出口。這些話往往會使得人際關係複雜化，造成負面的影響，結果恐怕帶來了更多壓力。所以最好儘可能戒掉這個習慣。

那麼，如果忍不住想罵人的時候，究竟應該怎麼辦呢？

我自己消除壓力的祕訣，是多走路。……咦？沒想到這麼簡單呀。其實只要多活動，就能改變焦躁不安的心情。

遇到上司或客戶提出不合理的要求，工作進展不順利……等令人感到煩躁的狀況，甚至連其他工作也受到影響。在職場上難免會面臨這樣的情形。

此時，我會在公司內部走動，或是藉著買東西等各種機會外出。走樓梯也很有幫助。

有次我突然有事要去較遠的地方取件，因此發現了這個祕訣。途中，我發現原本

「忍不住想抱怨」的怒氣漸漸消失，感覺「啊，不知不覺間，心情變輕鬆了。」

其實這個祕訣在大腦科學上是有根據的。我自從無意間發現這個方法，就一直持續走路的習慣。

如果無論如何都想發怒，邊走邊碎碎唸也可以，**最重要的就是一直走到息怒為止**。

要是辦完正事還是覺得不愉快，那就再走下去吧。

想說別人壞話是壓力的警訊。在這樣的時刻，請先稍微活動一下身體。

這樣一來，這些壓力或怨言的循環，就會在你這裡終止。

感覺到壓力累積…… **多走路心情就會變好。**

壓力一直累積…… **造成怨言四起的惡性循環。**

自暴自棄，認為自己「一無是處」

「我真是沒用啊……」這樣想著，於是慢慢就失去動力。好不容易機會降臨，卻使不上力。當我們在看運動比賽時，總會看著選手心想：「加油吧！」但是輪到自己時，卻一籌莫展……很多人應該都有這樣的經驗吧？

讓我們來分析運動員的狀況吧。他們使盡全力，想要好好表現。但是失敗的時候其實佔了大部分。即使鈴木一朗的打擊率高達三成；但從另一個角度來看，他打不到的球也佔了七成。

是嗎？如果這樣思考，面對失敗，雖然覺得自己很「沒用」，但好像也沒那麼無可救藥。

儘管有七成的球無法掌握，鈴木一朗還是每天站上打擊位置，他一定不會把自己想成「失敗者」。

即使面對失敗，他也不會否定自己，就此放棄。他一定會想著下次如何把球打好、讓球隊邁向勝利，並且反覆不斷練習。

只要想到：即使像鈴木一朗那麼優秀的球員，失敗率也有七成。當你遇到挫折，是否應該要繼續努力嘗試呢？最糟糕的是不敢站上打擊區的人，什麼事都不願意做，完全不想動的人。

「沒有行動」跟「沒有失敗」可不是同義詞。因為沒有嘗試的人，不可能把事情做好。就像在足球賽中，要是不踢球，就沒機會射門得分。既然明知如此，那為什麼不採取行動呢？

人在什麼時候會覺得自己沒用呢？應該是怯懦而不想動的時候吧。想通之後，就知道要引以為鑑，多加嘗試，儘可能多踏出一步。只要對自己感到失望，不論如何，就是要行動。

儘管如此，有時候就是缺少自信，心中充滿畏懼……**如果碰到這樣的狀況，請誠實向他人尋求援助**。坦承自己可能會失敗，接下來請多幫忙……等等。

不要一個人獨自煩惱，無論是工作或私生活，都可以拜託周遭的人幫忙。

在這個世界上，沒有任何商品或服務是由一個人獨力創造出來的，都是集合眾人的力量而產生。

即使你覺得「不行了！」的時候，一定有人能幫忙解圍。總會有人伸出援手。

只要你開始嘗試，就不會孤單。

即使失敗，只要繼續行動，就會成長。
我要努力！
又失敗了呀……
呼
新人時期
我要努力！
現在
最糟的是「因為不想失敗」，完全不採取任何行動。
……
關於這個計畫……
新人時期
……
現在

「沒有行動」跟「沒有失敗」，是完全不同的兩件事喔 !!

不善於在人前表現

最近我變得比較不會怯場，好像是習慣了的緣故。剛開始每個人都會緊張，只不過有些人終於習慣了。

只要多經歷幾次，表現漸漸就會自然了。

職業運動選手都經歷過大場面，所以在這方面表現良好。

不過，仔細想想，他們可是接受全國的關注喔。跟他們相比，在十人或一百人面前說話，也只是小意思而已。

其實只要習慣了就好。可是……如果沒有機會登上大舞台，又該如何是好？

這個嘛，你就要從平常開始練習，成為全國注目的焦點。

方法非常簡單，只要看電視的運動比賽就可以練習。

不論是足球競賽、花式溜冰、游泳，哪種都可以。**一邊想像自**

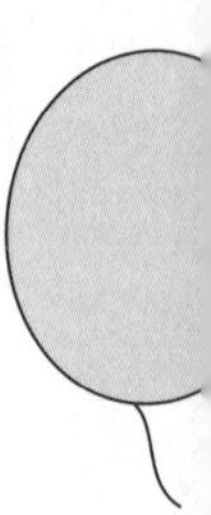

己就是比賽中的選手，一邊看比賽。

這樣一來，就會產生臨場感。然後想像著你正接受記者採訪的畫面。這些都是利用畫面進行的訓練。

你可以想像自己是鈴木一朗，或是安藤美姬。並沉浸在勝利的滋味與場邊歡騰的盛況中……請盡量發揮想像力，融入畫面。

當你聽到記者的問題時，請試著回答，想像自己正在接受採訪。

好啦，最緊張的部分已經結束了。不過你還有別的功課，接下來是複習的部分。

請回想剛才的場景，將運動選手發表的感想重述一遍。

在熟悉接受訪問之後，接下來是實踐。如果你要在很多人面前演說，乾脆把規模擴大，想像自己正受到全世界的注目。

只要經歷過這種練習，不論你站上什麼的舞台，都會覺得：「哎呀，人其實不多嘛。」

你缺乏的其實不是膽量，而是要累積上場的次數。

即使是練習，多少會覺得緊張而不想登場吧。這就是訓練有效的原因。

目前正在眾人面前侃侃而談的前輩，或是某位明星球員，在剛開始的時候，其實並不像現在這麼耀眼。這你應該明白吧。

所以，就跟想像中的畫面一樣，你一定也可以做到。

反覆想像自己登上大舞台的畫面……**漸漸就不會再怯場。**
緊張
緊張
如果不事先揣摩……**正式場合容易表現失常。**
人
人
呃
什麼？
先透過模擬想像，
熟悉大場面!!

刻意迎合他人

人難免都會在意別人的眼光。當然如果你不在意的話，這篇跳過不讀也沒什麼關係……（笑）。

或許真的有少數人沒什麼感覺吧。不過大多數人還是在意旁人的感受。

為什麼我們會在乎別人的觀感呢？

說穿了，還是希望能被人喜歡吧。因為希望得到其他人的好感，變得疲於迎合他人……不過，這樣是不對的。

即使費盡努力討好別人，也不一定能得到認同。

為了對方好，應該要清楚傳達自己的意見。如果只是迎合別人，就不會產生想法上的激盪。要是你有認真思考過，就知道應該不只是順著對方，也要提供意見。

如果想好好就事論事，就不需要凡事盲從。應該提出中肯的建議：譬如「可能不妥」、「如果這樣會不會更好？」如此一來才會對別人真正有幫助。如果你這樣想，就會明白，與其刻意迎合對方，不如適切地提供意見。

即使明白這個道理，但由於你擔心會產生磨擦，實踐上還是有困難。所以我要教大家一種說法，可避免引起衝突，那就是：

「大致上應該沒問題，不過我有點擔心……」

說完之後，觀察對方的反應。接下來很重要的一點是，不要自己繼續發言，要等到對方詢問你的意見，再開始說。

譬如「你應該知道吧？也發生過這樣的例子……」「如果遇到這種狀況……」等。

「大致上應該沒問題」這句話，隱約傳達出「我想你一定有考慮過」的意思。

接下來的「我有點擔心……」就不只是在陳述意見，也表現出「我在為你著想」的心情。

就算你堅持己見，但對方如果聽不進去，結果就跟沒說一樣。所以你只要提醒對方就好。這樣一來，就不一定要透過爭執才能達到效果。

要求經常順應別人的人試著爭辯，多少有些勉強。因為他們個性上比較溫和。

因此，**你不需要刻意迎合別人，只要為對方著想就好。**

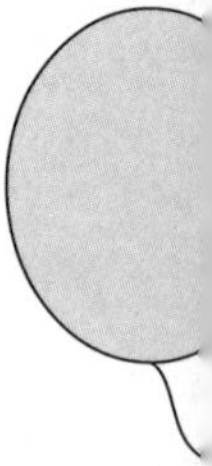

不需要刻意迎合對方……**可以提出建議。**

如果過於討好別人……**不論對自己或對方，都不是好事。**

不敢說「不」，壓力反而更大

「抱歉，沒辦法」、「不好意思」，有時候總會碰到必須拒絕別人的場合。

這種情形很常見，但是出了社會以後，為了避免得罪人，拒絕的話很容易變得說不出口，於是壓力也越來越大。

我自己在接受別人委託時，只要覺得勉強，**就會當場推辭**，回答：**「對不起囉！」**

尤其注意不要透過科技產品回覆，重點是要當場回絕。與其考量能否能妥善傳達自己的意思，或是擔心對方的想法，都不如「儘快決定」來得重要。

請冷靜思考看看。在這個世界上，有各種各樣的替代方案。即使不用A廠牌的電腦，也可以用N廠牌的產品。如果不用A公司

的手機，也可以選擇S公司的製品。

是的，就算你不能幫忙，還有其他人可以幫得上忙。跟你所想的不一樣，有些事不是只有你能勝任。

我也是一樣。就這本書來說，並不是只有我能執筆，換成別的作者說不定也能完成。這個世界就是這樣運轉的。

即使是拒絕別人，如果還能提供別的辦法，對方就不會那麼困擾。

只是，拒絕一定要趁早！

就好比在約會途中，電車因故停駛了。如果及早知道，就可以改搭別種交通工具，譬如公車或計程車到達目的地。總會有其他代替方案。

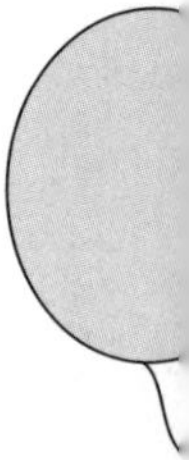

最怕沒有足夠的時間。總不能包一輛直昇機，或是從口袋裡拿出任意門，沒有人能準備這種的東西。尤其缺乏實際可行的方案時，最令人困擾。

反過來看，如果換成是自己找人幫忙的事情，到最後階段才有人說不行，你一定會覺得很困擾吧？

如果可以的話，儘可能幫對方想出替代方案吧。

譬如，像我自己如果不能接受採訪的話，就會介紹其他適合訪問的對象。只要自己提出可行的建議，就覺得比較容易拒絕，對方也能接受。

如果被自己喜歡的對象拒絕，聽到「不行！」「不可能！」一定會大受打擊。可是及早知道的話，就能為新的戀愛做準備。

如果拒絕……
你可以做這個嗎？
抱歉，現在沒辦法！
要迅速
and
或者找打工的T同學，他好像有空。
星期五以後，我就可以幫忙……
如果有替代方案，也還 OK
要是遲遲拖延，不敢說「不」……會造成大家的困擾。
這份文件麻煩請在20號之前完成。
咦……好……
抱歉！好像來不及交了……
欸?!
現在才說？
期限前一天……

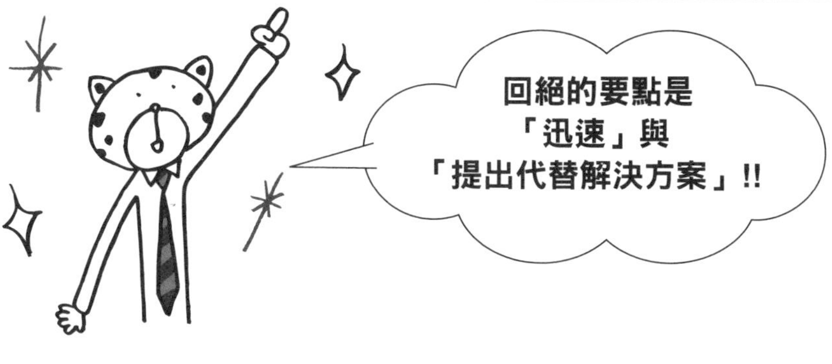
回絕的要點是「迅速」與「提出代替解決方案」!!

總想著「如果當時那樣就好了」，容易後悔

「啊，如果當時這樣就好了……」

很多人都會這樣想，覺得後悔。其實我自己以前也很容易懊悔，而且常猶豫不決（笑）。

不過，當我明白這種想法根本無濟於事之後，就不再想著過去的事了。

我現在的習慣完全相反，改成反覆思考未來的事情。

如果在這個階段會失敗的話，要怎麼辦呢？（想了又想）

萬一對方的反應是這樣，我要怎麼辦？（想了再想）

計劃要是橫生枝節，接下來要怎麼辦？（繼續想……）

還是同樣想個不停呀（苦笑）。

反覆猶豫的思考方式是無法改變的。

但是換個方向，想得多不是什麼壞事。反過來看，也可以說這種人是具有深思熟慮的優點。

只不過老想著過去的事情，也派不上什麼用場，又不能搭乘時光機，返回從前。回想過去沒有意義，因為已經無法改變什麼。

但是如果計劃可以改變的未來，反覆思考就有正面的意義。

人只能考慮一件事情，所以在想著未來的時候，就不會再煩惱過去。

如果意識到自己正在後悔過去的事情，就試著把思慮轉移到將來。只要稍加練習，很容易就能辦到。

我們也不會因為忙著策劃未來，就停止反省過去。

因為人們都是參考自己目前累積的經驗與知識來進行思考。因此在思索未來時，會根據過去的經驗，想像著成敗，也藉此模擬未來。

所以，千萬不要把思考的焦點放在過去，要改放在未來，而且一樣也能達到反省的效果。

只是請注意，千萬不要只描繪出悲觀的未來。如果對未來的思考太負面，會感受到極大的壓力。

譬如擔心流年不利，發生一些不好的事情怎麼辦……等，這是沒有根據也毫無意義的事情。如果遇到諸事不順，壓力很大時，再想大概是因為今年運勢不佳，倒是蠻不錯的解釋。不需要從現在就開始擔憂，自尋煩惱。

請你也一起試著反覆構築美好的未來吧。

如果自己的個性就是想很多……**那就為將來能改變的事情煩心吧。**

不論多煩惱過去的事情……**什麼都無法改變。**

我其實，
好厲害呀……
哇。。。。。
很羨慕獵豹。
我也想變得像他一樣。
所以……
那些過去不知不覺養成的壞習慣……

趁現在！
我要通通丟掉!!

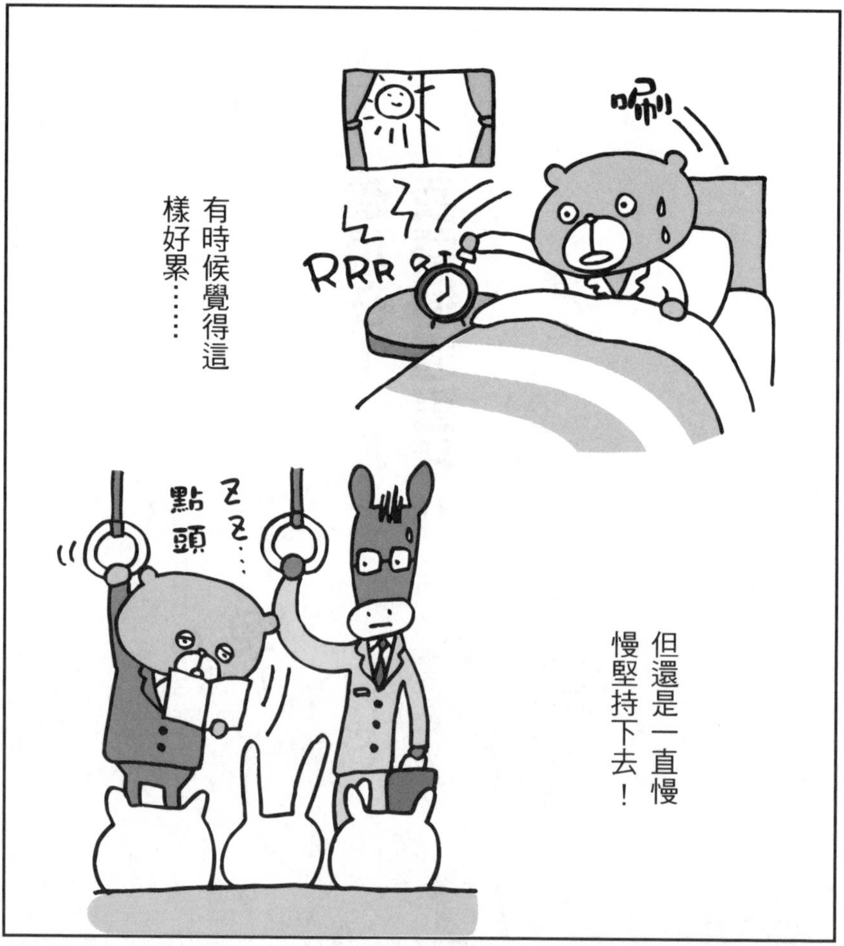

[redacted]

我已經變得跟以前不一樣囉!!

你掌握住改變的契機了嗎？

這本書以「丟掉壞習慣，輕鬆養成好習慣」為目標，編寫時搭配了許多插圖。我很高興負責撰寫內容，不知不覺終於進行到「結語」的部分了。當我寫到這裡時，已是半夜兩點了。

從一開始下筆，我就想寫出「能讓大家看得很愉快的書」。想要丟掉已經養成的習慣非常困難，自己的壞習慣被人指責，感覺也不怎麼舒服，讀這類型的書很容易讓人覺得心情沉重。

所以我們配上很多可愛動物的插圖，希望能讓大家輕鬆愉快地反覆閱讀。

當你讀到這一頁，你手邊的這本書，是不是已貼上許多便利貼，標示出「想要丟掉的習慣」呢？

在「前言」的部分我曾經提過，習慣很難立刻改變。即使馬上想改，通常很容易就故態復萌。

不過，沒關係。

當你覺得懊惱「啊，又犯了……」的時候，記得從書架上把這本書拿下來，重新再讀一次。

希望這本書能成為你改變的契機。即使不停重蹈覆轍，可能要嘗試許多次，你還是可以養成好習慣。

一個人或許沒有足夠的力量改變環境，但你可以試著改變自己的觀念，當想法變了，眼中的世界也會開始不一樣。

我希望這個世界會變得更美好，更多人能養成積極有效率的好習慣。

因此，改變觀念就變得非常重要。

正在讀這本書的你，應該也會養成好習慣吧。

只要多一個人的想法改變，這個世界就會一點點改變。要是有很多的「一點點」擴散開來，這個世界應該會變得更好。讓我們一起創造更優質的環境吧。

只有你自己，才能真正掌握你每天的生活。

最後也要在此，向一路支持鼓勵我的朋友們致謝。藉著這個機會，我想好好說聲謝謝。

想要改變習慣，周遭人們的協助非常重要。這本書也一樣，靠著家人朋友的支持，終於一點一滴，漸漸進行到尾聲了。

接下來，要由讀者來決定這本書的價值，也就是此時正在閱讀的你。謝謝你選擇了這本書，並且一路讀到這裡。

誠心感謝大家。

二〇一〇年七月

美崎榮一郎

a16.misaki@gmail.com

不靠意志力，輕鬆丟掉50個壞習慣

直擊「做不到」的真正痛點，簡單打敗拖延和逃避

「またやっちゃった・・・」あなたのための こんどこそ！やめる技術

作　　者　美崎榮一郎
譯　　者　嚴可婷
封面設計　許紘維
內頁排版　陳姿秀
行銷企劃　蕭浩仰、江紫涓
行銷統籌　駱漢琦
業務發行　邱紹溢
營運顧問　郭其彬
責任編輯　劉文琪、賴靜儀
總 編 輯　李亞南
出　　版　漫遊者文化事業股份有限公司
地　　址　台北市103大同區重慶北路二段88號2樓之6
電　　話　(02)27152022
傳　　真　(02)27152021
讀者服務信箱　service@azothbooks.com
網路書店　www.azothbooks.com
臉　　書　www.facebook.com/azothbooks.read
營運統籌　大雁文化事業股份有限公司
地　　址　新北市231新店區北新路三段207-3號5樓
電　　話　(02) 8913-1005
訂單傳真　(02) 8913-1056
三版三刷 (1)　2024年4月
定　　價　台幣360元
ISBN　978-986-489-750-6

（初版原書名：丟掉50 個壞習慣，懶熊也能訂做成功新生活！）

國家圖書館出版品預行編目 (CIP) 資料

不靠意志力, 輕鬆丟掉50 個壞習慣 : 直擊「做不到」的真正痛點, 簡單打敗拖延和逃避 / 美崎榮一郎著 ; 嚴可婷譯. -- 三版. -- 臺北市 : 漫遊者文化事業股份有限公司, 2023.02
240 面 ; 14.8 × 21　公分
譯自 : 「またやっちゃった・・・」あなたのための こんどこそ！やめる技術
ISBN 978-986-489-750-6(平裝)
1.CST: 習慣 2.CST: 生活指導 3.CST: 成功法
176.74　　112000051